Zu diesem Buch

Kindererziehung – ein Abenteuer, immer wieder neu und spannend. Aber auch ein Vierundzwanzig-Stunden-Job, strapaziös und mit Schmerz und Enttäuschung verbunden. Vor allem für jene Eltern, die alles «richtig» machen wollen – und welche Eltern wollen das nicht? Und doch irren sie sich immer wieder, bewerten das Verhalten ihrer Kinder falsch.

Ursula Haucke hat dazu eine Fülle von Beispielen zusammengetragen, heiterer und weniger heiterer Natur, an denen sie aufzeigt, wie es zu solchen Mißverständnissen kommt und wie man sie ausbügeln kann. Patentrezepte freilich kann und will sie nicht anbieten – ihre Ratschläge, manchmal verblüffend unorthodox, immer aber bedenkenswert, sollen Eltern dabei helfen, ihre Kinder besser zu begreifen. So wird ihr vergnügliches Plädoyer für das Abenteuer Kind viele Eltern ansprechen, die ebensowenig wie die Autorin an die eigene Vollkommenheit glauben und ein Leben lang bereit sind, dazuzulernen – auch und gerade von den eigenen Kindern.

Wolfdietrich Schnurre schreibt über dieses Buch:

«Hier geht es um den irdischen Alltag des Kindes. Verhaltensweisen erhalten Kenntlichkeitsraster. Psychomaschen werden fallengelassen. Was bleibt, ist das überschaubar gewordene verletzliche Kindheitsgewebe. Ist das Kind, wie wir es kennen, zu kennen glaubten. Und ist dieses Vademecum für seine – jawohl, für seine Erziehung, zu der die Autorin, selber Mutter, den Eltern endlich einmal wieder handfest Mut zu machen versteht. Wobei als Hauptfaktoren einfühlsame Aufmerksamkeit und erfahrungsgesättigte Nachsicht fungieren, zu denen sich aufs einprägsamste pragmatisches Wissen und liebevolle Beobachtungsgabe gesellen. Das Buch ist in locker gefügte Kapitel unterteilt, birst fast vor Beispielen und ist erfrischend flott und formal problemlos heruntergeplaudert. Sowohl Buddelkastenlektüre wie Mattscheibenverdränger.»

Ursula Haucke lebt als freie Schriftstellerin in Berlin und arbeitet vor allem für den Rundfunk. Viele Episoden der überaus erfolgreichen Serie «Papa, Charly hat gesagt...» stammen von ihr. Grundlage für dieses Buch war eine über einen ungewöhnlich langen Zeitraum laufende Sendereihe des RIAS, Berlin.

Ursula Haucke

Ich hab dir hundertmal gesagt…

Heitere Erziehungstips
zum Ernstnehmen

rororo

Rowohlt

Originalausgabe
Veröffentlicht im Rowohlt Taschenbuch Verlag GmbH,
Reinbek bei Hamburg, Mai 1982

Redaktion Dietlind Vetter
Umschlagentwurf Dietrich Lange
Satz Bembo (Linotron 404)
Gesamtherstellung Clausen & Bosse, Leck
Printed in Germany
480-ISBN 3 499 14953 2

Ich sage es Ihnen lieber gleich, bevor Sie vielleicht enttäuscht sind, weil Sie sich etwas ganz anderes vorgestellt haben: Dieses Buch hat keinen Anfang und auch nur andeutungsweise so etwas wie einen Schluß. Es zeigt auch nicht in chronologischer Reihenfolge die kindliche Entwicklung von der Geburt bis zur Volljährigkeit. Wenn Sie also nur mal eben schnell nachschlagen möchten, was zu tun ist, wenn Ihr Fünfjähriger abends nicht ins Bett gehen oder Ihre Fünfzehnjährige morgens nicht aufstehen will, dann müssen Sie auf andere bewährte Ratgeber zurückgreifen.

Was ich statt dessen auf den folgenden Seiten zu beschreiben versuche, sind die unzähligen Überraschungen, mit denen Kinder uns täglich konfrontieren; mit denen sie uns entzücken, in Erstaunen setzen und zur Verzweiflung treiben, und auf die wir lernen müssen, gelassen, heiter, klug und entschlossen einzugehen; auf daß die uralte Aufgabe der sogenannten «Erziehung» am Ende von beiden Seiten als zufriedenstellend gelöst betrachtet werden kann.

Obwohl meine eigenen Kinder mir zu vielfältigen «Denkanstößen», wenn nicht gar zu Einsichten – nicht zuletzt über mich selbst – verholfen haben, sind entstandene Ähnlichkeiten doch eher zufällig!

Ursula Haucke

Inhalt

Dein Kind – dein Partner?

Seit einigen Jahren erleben wir die ungestüme Auferstehung eines alten, wohlbekannten Wortes, das, mit aktueller Bedeutung versehen, dazu dienen soll, alle Gegensätzlichkeiten dieser Welt auszugleichen. Dieses Zauberwort heißt «Partnerschaft».

Partnerschaft wird in der großen Politik ebenso beschworen wie im Arbeitsbereich, im ideologischen Kampf ebenso wie in der Familie. Und da heißt es nun auch: «Dein Kind – dein Partner».

Dieser Appell ist unter allen Verbrüderungslockrufen sicherlich der am ehrlichsten gemeinte, weil nun wirklich keinerlei Spekulation auf materiellen Vorteil in ihm stecken kann. Wer gewillt ist, sein Kind zum Partner zu machen, gewinnt keinerlei Machtzuwachs, und noch viel weniger zahlt sich dieser Entschluß in barer Münze aus. Nein, hier hat man wirklich nur an das Kind gedacht, dem man wohl mehr Gleichberechtigung, mehr Mitspracherecht, mehr Anerkennung zukommen lassen will. Fragt sich nur, ob das Kind damit wirklich so gut bedient ist oder ob es nicht vielmehr – als Partner verstanden – von vornherein dazu verurteilt ist, seine Eltern zu enttäuschen.

Was ich mir jedenfalls unter einer Partnerschaft vorstelle, ist weit entfernt von allem, was ich in der Beziehung zu meinen Kindern erlebe. Von einem Partner erwarte ich zum Beispiel, daß er mich in meinen Grundbedürfnissen versteht und sich auch entsprechend verhält. Meinem Partner würde ich es daher übelnehmen, wenn er mitten in einer mich brennend interessierenden Fernsehübertragung ins Zimmer gestürmt käme und von mir verlangte, seinen Deutschaufsatz zu korrigieren. Meinem Kind verzeihe ich eine solche Störung, weil ich weiß, wie elementar seine Aufsatzsorgen sind und wie wenig es einschätzen kann, was mich selbst im Augenblick beschäftigt. Von einem Partner würde ich auch erwarten, daß er, wenn er sich abends verabschiedet, um ins Bett zu gehen, auch wirklich ins Bett geht und damit aus dem Verkehr gezogen ist. Würde er in den folgenden Stunden pausenlos wieder auftauchen, um mich etwa daran zu erinnern, daß ich versprochen habe, ihm ein neues Turnhemd zu kaufen, oder um mich flehentlich zu bitten, sein Fahrrad ins Haus zu holen, das unangeschlossen draußen im Regen steht, wäre ich empört. Meinem Partner würde ich es auch nicht nachsehen, wenn er mich früh um vier aus dem Schlaf reißt, weil ihm eingefallen ist, daß seine Gitarre noch im Kofferraum meines Autos liegt.

Was nun nicht heißen soll, daß ich in solchen und ähnlichen Fällen meine Kinder milde anlächle, um sofort alles stehen und liegen zu lassen und ihre Wünsche prompt zu erfüllen. So läuft das natürlich nicht, und man hat mich bei solchen Gelegenheiten schon unfein fluchen hören! Aber ich weiß doch immerhin, daß Kinder sich üblicherweise so verhalten und daß man die jeweiligen Reste seines Humors zusammenkratzen und damit leben muß.

Neulich beobachtete ich einen noch jungen, drahtigen Vater, der seinen etwa zehnjährigen Sohn freundschaftlich in die Rippen boxte und sagte: «Na Kumpel, jetzt werden wir uns mal dranmachen und das Auto waschen, wie? Man kann ja kaum mehr durch die Scheiben sehen.» Worauf der Junge freundlich erwiderte: «Das wasch mal lieber allein; aber ich hab 'ne tolle Kassette aufgenommen, die stell ich dir an. Du flippst aus, wenn du die hörst!» Das Kind hielt sein Angebot offenbar für eine faire Arbeitsteilung, und ihm fehlte deutlich jeder Sinn für eine erwachsen verstandene Partnerschaft.

Natürlich müssen Kinder auch «gefordert» werden. Und natürlich werden wir sie am Familiengeschehen angemessen beteiligen und werden mit ihnen sprechen und anstehende

Probleme gemeinsam erörtern. Auch können ältere Geschwister durchaus einbezogen werden in die Verantwortung gegenüber den jüngeren. Aber machen wir uns doch nichts vor: die gefundenen Lösungen werden zumeist unsere Lösungen sein, das Ergebnis unserer erwachsenen Ansichten und Einsichten, und es bleibt abzuwarten, wie die Kinder dann damit umgehen.

Bei uns hatten wir zum Beispiel einmal das Problem, daß Thomas von einer, wie man es heute nennt, starken «Schulmüdigkeit» befallen war. Besonders gegen Fremdsprachen und alle in diesem Zusammenhang unerläßlichen Übungen hatte er einen handfesten Widerwillen entwickelt. Anstehende Arbeiten suchte er weniger durch Lernen, als vielmehr durch Mogeln zu überstehen. Hinter seine ausgefeilten Praktiken kamen wir aber erst, als er eines Nachmittags jammernd verkündete, er könne die am nächsten Tag angesetzte Vokabelarbeit nicht mitschreiben, weil ich seine hohen Stiefel zum Schuster gebracht hätte! Wie sich herausstellte, pflegte er in den Stiefelschäften die vielen Zettelchen zu verstauen, die sein Gedächtnis während der Arbeit auffrischen sollten. Wir sprachen ernsthaft und vernünftig miteinander. Er tue sich doch selbst keinen Gefallen damit, wenn er nicht lerne, was er später einmal dringend brauche ... usw. usw. Mein Mann tat ein übriges und nahm unsere Tochter beiseite. Er sprach offen und gleichberechtigt mit ihr – von Familienmitglied zu Familienmitglied – und legte ihr nahe, auch ihrerseits den jüngeren Bruder dahingehend zu beeinflussen, daß er lerne, nicht mogle! Okay – hatte Gaby gesagt, sie würde mit ihm reden.

Wenig später hörten wir dann vom Korridor aus, wie sie zu Thomas sagte: «Nun stell dich doch nicht so an wegen der Stiefel! Ich frag dich die Vokabeln noch mal ab, und alle, die du nicht kannst, die schreiben wir innen auf deinen Arm. Dann brauchst du bloß ein bißchen das Hemd hochzuziehen; das geht noch viel besser als mit den Stiefeln!» Mein Mann war zunächst schwer enttäuscht. Da hatte er nun soviel Vertrauen investiert, hatte eine wichtige Aufgabe an seine Tochter delegiert – und nun das! Aber dann überlegten wir einen Moment und – alle Lehrer dieser Welt mögen uns verzeihen! – waren eigentlich doch sehr zufrieden: Gaby hatte sich doch nur ganz unbewußt dagegen gewehrt, die Partnerschaft zu ihren Eltern höher anzusetzen als die Solidarität mit ihrem Bruder. Und recht hatte sie! Und hätte es uns vielleicht gefallen, wenn sie Thomas einen Vortrag gehalten hätte über die Verwerflichkeit von Spickzetteln und die Dringlichkeit ordentlichen Lernens? Das wäre ja unsere Ansicht gewesen, allenfalls, aber nicht ihre. Und letzten Endes sind Kinder immer die natürlichen Verbündeten von Kindern. Und das sollen sie auch bleiben.

Auch außerhalb der eigenen Familie wird es Erwachsenen selten gelingen, ein Kind für ihre Sicht der Dinge «einsichtig» zu machen.

Da kam ich doch unlängst an einer Schule vorbei, vor der sich eine Schar Erst- oder Zweitkläßler zu einem Ausflug formierte. Einige Eltern, die ihre Kinder gebracht hatten, standen noch herum, die Lehrerin war noch einmal ins Schulgebäude zurückgegangen; da ging eine der Mütter in einem plötzlichen Entschluß auf einen schon älter wirkenden Jungen zu und flüsterte: «Du, hör mal, du siehst schon so vernünftig aus – ich habe eine Bitte an dich: Der Christoph, der ist so empfindlich mit seinem Magen. Paßt du auf, daß er auf dem Ausflug kein Eis ißt? Machst du das? Und versprichst du mir, ihm nicht zu sagen, daß ich mit dir gesprochen habe? Und das ist für dich», und damit drückte sie ihm ein Geldstück in die Hand.

Der Junge hatte während dieses einseitigen Gesprächs höflich mit dem Kopf genickt, und die besorgte Mutter hatte ihm noch einen festen Blick dankbaren Einverständnisses zugeworfen, bevor sie sich, winkend, entfernte. Und dann dauerte es keine dreißig Sekunden, bis der mit solchem Vertrauen Beehrte zielstrebig auf einen anderen Jungen zuging und sagte:

«Du, Christoph, deine Mutter hat gesagt, ich soll aufpassen, daß du kein Eis ißt, wegen deinem Magen. Und dann hat sie mir zwei Mark gegeben. Wollen wir uns die teilen?» Worauf der Christoph etwas gequält die Stirn runzelte und kurz und knapp bemerkte: «Ich eß sowieso kein Eis, und das Geld kannste behalten. Meine Mutter spinnt manchmal 'n bißchen.»

Natürlich kann man es im Einzelfall auch schaffen, ein Kind gewaltsam zum «Partner» einer Generation zu machen, in die es sich in Wahrheit überhaupt nicht hineindenken kann. Man kann es in seiner Entwicklung vorantreiben, ihm die eigenen Sorgen aufladen, kann es altklug machen und als Vollzugshelfer ganz und gar erwachsener Pläne mißbrauchen: («Wenn die Oma nächstes Mal kommt, dann erzählst du ihr, daß Mama und Papa große Sorgen haben und vielleicht aus der Wohnung raus müssen. Aber tu so, als ob wir nichts davon wissen dürfen, daß du ihr das sagst, klar?? ...») Aber das hat natürlich nicht das geringste mit Erziehung zu tun.

Normalerweise gibt es nur zwei legitime Umstände, die Kinder veranlassen können, mit den Erwachsenen zu paktieren: wenn es um eine «Überraschung» geht oder gar um ein «Geheimnis». Diese Ausnahmesituation hatte seinerzeit auch schon der vierjährige Thomas begriffen, der mit allem Stolz des Eingeweihten feierlich zu seiner Schwester sagte: «Du kannst mich fragen, soviel du willst – ich verrate kein Wort von dem Wellensittich!» Immerhin – der Wille, es diesmal bis zu Gabys Geburtstag mit den Erwachsenen zu halten, war unüberhörbar vorhanden.

Ja, und nun? Keine Hoffnung auf Partnerschaft also? Gerade mit jenen Menschen nicht, mit denen wir so untrennbar verbunden sind und die wir so gern zu unserem verbesserten Ebenbild formen würden? Aber natürlich ist Hoffnung! Natürlich können Kinder die zuverlässigsten und aufrichtigsten Partner ihrer Eltern werden. Wir müssen nur ein bißchen Geduld haben und den Zeitpunkt abwarten, an dem sie keine Kinder mehr sind. Nur noch unsere Kinder.

Was heißt hier «Dreck»?

Jeder Erwachsene weiß aus eigener bildhafter Erfahrung, daß kleine Kinder eine unbefangene Vorliebe für Abfälle aller Art haben. Hingebungsvoll kramen sie bei günstiger Gelegenheit den Papierkorb aus, sorgfältig untersuchen sie, Schicht für Schicht, den Mülleimer – hier eine Eierschale zerknackend, dort den Kaffeesatz andächtig durch die Finger quetschend oder an einer Mandarinenschale schnuppernd. Die Händchen ertasten ständig neues Material, festes, formbares, körniges; es gibt ein fröhliches Wiedersehen mit den Apfelschalen, die gerade noch auf dem Tisch lagen, und mit einer halben Nuß, die gestern herunterfiel. Das Kind genießt; wenngleich nicht lange. Mütter, grundsätzlich unerwünschte Aktivitäten argwöhnend, pflegen in kurzen Abständen «nach dem Rechten» zu sehen und solche Müllorgien mit lauten «Pfui»- und «Baba»-Rufen abrupt zu beenden.

Die größeren Kinder lassen sich so leicht nicht mehr ins Handwerk pfuschen. Wenn ihnen der Sinn danach steht, schaffen sie es schon, im Verein mit ihren Spielgefährten, die großen Mülltonnen im Hof oder auf der Straße zu inspizieren. Jetzt reizt die Aussicht, etwas zu entdecken, was unvernünftige Menschen fortgeworfen haben, obwohl es noch einen hohen Gebrauchswert besitzt. Erwachsene haben für diese Art von Schatzsuche im allgemeinen wenig Sinn.

«Müßt ihr denn da in dem Dreck spielen, Kinder?!» rief daher auch eine ältere Dame einer Kindergruppe zu, die sich – wieder mal – für den Inhalt eines Müllcontainers interessierte. «Das ist doch kein Dreck», sagte ein kleines Mädchen, und sie sagte es so sachlich, daß die Dame ebenso sachlich zurückfragte, was es denn sonst sei. «Na, Papier und Kartoffelschalen und Büchsen und alles mögliche. Gestern haben wir einen Regenschirm gefunden und zwei Bilderbücher. Das haben wir jetzt alles in unserem Zelt.» – «Aha», sagte die Dame, schlug dann aber doch vor, auf den nahen Spielplatz zu gehen. «Na klar», wurde ihr bedeutet, «da gehen wir auch noch hin. Denken Sie, wir sind hier den ganzen Tag?» Die Dame versicherte, daß sie das nicht angenommen habe – als neben ihr ein Freudenlaut ertönte: «Mensch, das malt ja klasse!» Und zu ihren Füßen entstand mit Hilfe eines undefinierbaren dunklen Klümpchens ein großes Clownsgesicht. «Schön, was?!» – «Ja, sehr schön», sagte die Dame mechanisch und setzte etwas irritiert ihren Weg fort.

Kleine Kinder machen einfach noch keinen Unterschied zwischen einer sauberen und einer schmutzigen Umwelt. Wenn sie Lust haben, sich auf den Bauch zu legen, dann ist es ihnen gleichgültig, ob sie gerade den Wohnzimmerteppich unter sich haben oder das Kopfsteinpflaster im Hof einer Kohlenhandlung. Und da sie schon fremder Schmutz so wenig anficht, haben sie zum Schmutz an ihrem eigenen Ich eine noch viel innigere, nachgiebig wohlwollende Beziehung. Die Zwangsvorstellung, daß man nach einem barfuß verbrachten Tag unmöglich zu Bett gehen könne, ohne sich die Füße zu waschen, ist ihnen ebenso fremd wie die Ansicht, daß zwischen so harmlosen Tätigkeiten wie Ballspielen, Hundekämmen, Kneten und Murmeln einerseits und dem Essen eines Brötchens andererseits eine Händewaschprozedur stattzufinden hat. Niemals verspüren sie das drängende Bedürfnis, sich die Zähne zu putzen oder frische Sachen anzuziehen; und wenn der junge, heißgeliebte Dackel ausgerechnet unterm Bett eine Pfütze hinterläßt, dann vergißt man die Sache am besten. «Ist doch nicht so schlimm.»

So wie die Sonne gleichermaßen auf Gerechte und Ungerechte scheint, so verteilt das Kind Gunst und Anteilnahme auf Sauberes und Dreckiges. Seine Wertmaßstäbe liegen weit über irdischem Staub und jenseits von geputzten Stiefeln und Nasen. Und wenn es einen schönen, saftigen Pfirsich gegessen hat, dann besieht es sich vielleicht den Kern, findet ihn formschön und noch anderweitig verwendbar und steckt ihn daher in die Hosentasche. Auch dann, wenn es sich um die Sonntagshose handeln sollte.

Natürlich gibt es auch andere Kinder. Kinder, die sich vor Ekel winden, wenn sie die – von ihnen! – auf den Fußboden gekleckerte Soße aufwischen sollen; Kinder, die bei anderen Leuten gequält im Essen herumstochern, weil ihnen gewisse Bestandteile nicht appetitlich erscheinen. Es gibt auch Kinder, die einen ganzen Ausflugstag lang heroisch Durst leiden, weil sie niemals aus einer Flasche trinken würden, die ein anderer schon an den Mund gesetzt hat! Ganz zu schweigen von jenen, die um keinen Preis der Welt dazu zu bewegen sind, mit dem Staubtuch hinter ein feststehendes Möbelstück zu fahren, aus Angst, irgendein Staubklümpchen könnte ihre Finger streifen.

Unlängst sah ich ein kleines Mädchen stirnrunzelnd vor einer ganz gewöhnlichen Regenpfütze stehen, in der ein leuchtendroter Kugelschreiber lag. Von dem roten Farbklecks angezogen, war ich unwillkürlich stehengeblieben, und so starrten wir ein paar Sekunden lang zu zweit in die Pfütze. «Ist mir eben reingefallen», sagte das Kind schließlich; so, als ob es sich um eine endgültig abgeschlossene Angelegenheit handele – und fügte dann wie erlöst hinzu: «Wollen Sie den vielleicht rausholen? Sie können ihn auch behalten!» Und damit rannte sie ihren Freunden nach.

Ich hatte nicht übel Lust, den Stift wirklich aufzuheben, aber ich fürchtete, der Eigentümerin an der nächsten Ecke noch einmal zu begegnen; und dann hätte ich ihr den Geretteten doch wohl aushändigen müssen. Und genau das wollte ich nicht. Wer seinen Kugelschreiber nicht aus der Pfütze holt, der ist ihn eben los, das ist der Lauf der Welt!

Ein ähnliches Erlebnis hatte auch Thomas: Ein Klassenfreund war bei ihm zu Besuch, der sich ganz entzückt zeigte von dem jüngsten, zart gelockten Meerschweinchen unseres Sohnes. Er nahm das Tierchen auf den Arm und wollte es gar nicht mehr loslassen. Bis das Meerschweinchen sich schließlich, seiner Natur gemäß, einiger kleiner Kügelchen entledigte. Da verzog der Knabe angewidert das Gesicht, sagte «Pfui Teufel» und ließ das Tier kurzerhand fallen. Es ist in diesem Zusammenhang nicht wichtig zu schildern, was ihm daraufhin seitens unseres Sohnes widerfuhr, ich will nur registrieren: Auch hier haben wir es mit einem Kind zu tun, das sich jeglichem Schmutz fernzuhalten trachtet. Es gibt solche Kinder. Nur – es sind dieselben Kinder, die einstmals bäuchlings auf der Straße lagen, um eine Ameise zu beobachten, und die durchaus imstande waren, mit dem gleichen Löffel abwechselnd Heringssalat und Apfelmus zu essen. Sie sind nur älter geworden. Älter und – erzogen.

Es passiert immer wieder, daß ein noch unfertig herumliegendes Manuskript meiner Familie in die Hände fällt. Ich erteile dann zwar augenblicklich strengstes Leseverbot, und alle sagen sofort besänftigend: «Ja, ja, schon gut, wir haben ja nur mal einen Blick reingeworfen» – aber es endet unweigerlich damit, daß ich mir ergeben anhöre, was Mann oder Kinder anzumerken haben. Im vorliegenden Fall machte Thomas den Anfang: «Die Leute werden denken», sagte er mißbilligend, «wir springen hier den ganzen Tag mit dreckigen Stiefeln auf den Betten rum oder wühlen uns bis zum Hals in die Mülltonnen; dabei habt ihr uns so was nie erlaubt!» – «Eben, eben», sekundierte Gaby auf der Stelle ihrem Bruder, «und man wird annehmen, daß wir zeitlebens mit ungeputzten Zähnen und ungewaschenem Hals ins Bett gehen durften, bloß damit wir später unsere Kugelschreiber nicht in den Pfützen liegen lassen!» Und schließlich sagte auch noch mein Mann in jenem milden Ton, mit dem er ausdrücken will, daß er mich um alles in der Welt nicht kränken möchte: «Ich weiß, ehrlich gesagt, auch nicht so ganz, was du mit diesen

Beispielen bezweckst. Schließlich kann man seine Kinder doch nicht völlig im Dreck ...» Aber an dieser Stelle scheuchte ich sie alle miteinander aus dem Zimmer, indem ich versicherte, daß ich mir über die Quintessenz meiner Fallbeispiele sehr wohl im klaren sei. «Na, hoffentlich kannst du dich noch verständlich machen nach all dem ...» sagte Gaby noch in ihrer aufmunternden Art – und dann war ich wieder allein. Und dachte an jene junge Frau, die ich unlängst dabei beobachtet hatte, wie sie mit ihrem kleinen Sohn, der mit beiden Händen in einem Haufen Bausand gewühlt hatte, der nächsten Pumpe zustrebte. «Jetzt spülen wir den ganzen Sand wieder ab», hatte sie munter gesagt, «sonst knirscht es unangenehm zwischen den Zähnen, wenn du jetzt deine Brote ißt, weißt du?»

Genauso denke ich mir nämlich die berühmte Erziehung zur Sauberkeit! Anstatt die Kinder unentwegt mit «Pfui» und «Igitt», mit Klapsen und Gejammer aufzuschrecken, sollte man ihnen lieber sachliche Hinweise geben.

Natürlich muß man sie daran hindern, die von anderen Leuten weggeworfenen Papiertaschentücher aufzuheben, aber man muß nicht gleich ein Geschrei machen, als hätten sie einem das Haus über dem Kopf angezündet! Man braucht ihnen nicht Abscheu einzuflößen, wo es genügt, sie auf unerwünschte Folgen aufmerksam zu machen. Ich habe es schon erlebt, daß Väter oder Mütter ihre Kinder unter Ausrufen wie «Bleib mir bloß vom Leib!» oder «Faß mich ja nicht an!» wie Aussätzige vor sich herstießen, weil sie in irgend etwas Unappetitliches getreten oder gefaßt hatten. Was soll das, frage ich mich? Soll dem Kind eingeredet werden, wir lebten in einer supersauberen Welt, in der jede Schmuddelei nur eine vom Kind heraufbeschworene Panne darstellt? Es ist eine fundamentale Lebenslüge, die man Kindern vermittelt, wenn man ihnen suggeriert, die Welt sei sauber und habe sauber zu sein – bis auf jene wenigen Stellen, auf denen die unvermeidlichen Abfälle diskret zusammengetragen und vernichtet werden. Nein, die Welt, in der wir leben, könnte – theoretisch! – eine gesunde, glückliche, praktische Welt sein, aber niemals eine ästhetische. Dreck läßt sich weder wegdiskutieren noch wegerziehen, nur weg*machen*. Da er ständig um uns ist und ständig von neuem entsteht, tut man niemandem einen Gefallen damit, wenn man seine Kinder mit Ekelgeschrei dazu bringt, fürderhin vor allem Unsauberen davonzulaufen! Und wer würde sich eigentlich – falls diese Erziehungsprinzipien weiter um sich griffen – noch für jene Berufe entscheiden, die ethisch ganz oben, ästhetisch hingegen ziemlich weit unten angesiedelt sind? Die Berufe von Arzt, Krankenschwester, Sozialhelfer zum Beispiel?

Besser also, man sagt seinen Kindern jeweils ganz sachlich, was mit den lehmigen Stiefeln, der verfaulten Birne oder der Pfütze vom Dackel zu geschehen hat. Auf daß sie späterhin den sie umgebenden Unrat bewältigen und nicht einen Bogen um ihn machen.

Und noch eins zum Schluß: Ich habe meine Kinder nie zum Spielen auf eine Müllkippe geschickt, und ich habe sie nie mit Schuhen ins Bett gehen lassen. Ich möchte in diesem Punkt ja wirklich nicht mißverstanden werden ...

Das ist doch kein Spielzeug!

Es gibt Zeiten, da geht es auch in Kaufhäusern ruhig und geradezu bedenklich konsummufflig zu. An solchen Tagen fahren auch die Rolltreppen halbe Minuten lang ohne menschliche Fracht, erschöpfen sich in der vergeblichen Einladung, doch bitte kräfteschonend aufwärts oder abwärts zu gleiten und sanft rollend über weitere Einkäufe nachzudenken...

An einem solchen Tag sah ich zwei Kinder sich der leeren Rolltreppen erbarmen. Nicht etwa, daß sie die Gelegenheit genutzt hätten, um auf einer aufwärtsfahrenden Treppe das Abwärtslaufen zu probieren – eine Versuchung, der auch erwachsene Menschen nur aus Gründen langgeübter Selbstdisziplin oder mangelnder körperlicher Fitness widerstehen! –, nein, diese Kinder benutzten die Rolltreppe auf vorbildliche Weise, ließen sich ruhig und aufrechtstehend, die rechte Hand auf dem begleitenden Geländer, hinauf- und auf der anderen Seite gleich wieder hinuntertragen. Nicht dem zielstrebigen Einkauf also diente der Transport, sondern dem puren Vergnügen! Individuelles Vergnügen aber, das sich weder sportlich noch kulturell irgendwo einordnen läßt, macht Menschen im allgemeinen und Kinder im besonderen für alle korrekt, aber lustlos schaffenden Mitmenschen verdächtig. Daher schritt ein in grauen Flanell gekleideter Mann alsogleich näher und bezog in der Nähe der Rolltreppe mit ernster Miene Posten.

Die Kinder waren also rauf und wieder runter gefahren, zügig um die Ecke gelaufen und bestiegen nun die Rolltreppe erneut. Der Graugekleidete holte schon Luft zum Reden – überlegte es sich aber noch einmal anders. Ihm mochte eingefallen sein, daß sie im oberen Stockwerk etwas zu kaufen vergessen haben könnten. Indes, dem war nicht so, die beiden kamen erneut herunter und machten Anstalten, die Treppe zum – man stelle sich vor! – drittenmal zu betreten! Da hielt es den dem Hause Verpflichteten nicht länger. Mit ein paar schnellen Schritten stellte er sich zwischen die Kinder und die zu schützende Rolltreppe und sagte mit Festigkeit: «Jetzt ist es aber genug! Das ist eine Rolltreppe und kein Spielzeug.» Aber die Kinder behaupteten prompt und pfiffig, im oberen Stockwerk ihre Mutter zurückgelassen zu haben, und erstritten sich mit diesem Hinweis das nochmalige Hochfahren. Herunter kamen sie nicht mehr; vermutlich hatten sie sich anderen Rolltreppen in anderen Etagen zugewandt.

Ich hatte genug vom Einkaufen an diesem Tag, strebte dem Ausgang zu und traf dort auf eine junge Frau, die ihren sicher schon vier bis fünf Jahre alten Sohn energisch auf einen Plastikelefanten hievte, welcher sich nach Einwurf eines Geldstücks in ruckelnde, kurzatmige Bewegung setzte. Der Junge ließ sich mit gleichmütig-verdrossener Miene durchschütteln, bekam indes von seiner Mutter noch weitere Geldstücke in die Hand gedrückt mit dem Bemerken: «So, das reicht erst mal. Wenn du ausgeritten hast, wartest du neben dem Elefanten auf mich, verstanden?»

Also, ich wette meine neue Winterjacke gegen eine alte Badehose, daß dieses Kind lieber Rolltreppe gefahren wäre; und warum hätte es das eigentlich nicht tun sollen?!

Keine Frage, daß kleine Kinder die Welt als eine einzige große Spielzeugschachtel begreifen, in die sie nur hineinzufassen brauchen! Wie anders sollten sie ihre Umwelt auch sehen? Als Lehr- oder Strafanstalt vielleicht? Oder als Breitwand-Kinofilm, den man sich nur vorführen läßt, ohne je selbst mitzuspielen?

Es ist ja auch gar nicht so lange her, seit ein Kind mit der Vorstellung, alles in dieser Welt sei zum Spielen da, beinahe recht hatte. Da trat es vor die Tür und trat auf Sand, der sich formen ließ, fand Steine und Holzstückchen, mit denen es bauen und werfen, Blätter und Käfer, die es untersuchen konnte. Darüber hinaus traf es viele andere Kinder, mit denen sich etwas anstellen ließ, und viele Erwachsene, denen man bei der Arbeit zusehen konnte. Und wenn Gefahr drohte, etwa in Gestalt einer Pferdekutsche oder eines Leiterwagens, dann kündigte sich diese optisch und akustisch so rechtzeitig an, daß man auch auf unsicheren Wackelbeinen noch rechtzeitig aus dem Weg gehen konnte.

Kurzum – es war mal eine Welt, von der zwar kein Mensch behaupten kann, sie sei rundum besser gewesen, aber sie war gleichermaßen passend zugeschnitten für Erwachsene und Kinder. Das ist nun nicht mehr so. Wir wissen das und bemühen uns, eine Kinderwelt, ein kindliches Aktionsfeld künstlich herzustellen. Über das Spielzeug. Unübersehbare Mengen von Spielzeug – gräßliches wie großartiges – sollen die Kinder entschädigen für das, was ihnen die Zivilisation an Lebens- und Spielraum weggenommen hat. Und das ist ja auch sinnvoll und nützlich.

Leider nur, so scheint mir, haben viele Erwachsene im Zuge dieser Entwicklung das Gefühl dafür verloren, daß immerhin noch eine Menge Dinge übriggeblieben sind, die von den Kindern hautnah erfahren und erfaßt werden können. Ich habe schon Eltern erlebt, die ihren Kindern «grundsätzlich» untersagten, irgend etwas anzufassen oder aufzuheben, was am Boden lag. Egal, ob es sich um einen Stein, eine Schnecke oder einen Stengel Unkraut handelte. Zumeist wurde das Aufgeklaubte als unhygienisch deklariert, manchmal wurde die Frage angehängt «Was willst du denn damit??» – eine Frage, die angesichts einer aus dem Amselnest gefallenen halben Eierschale schwer zu beantworten ist –, oft aber wurde nur kurz und knapp darauf hingewiesen, daß «das» kein Spielzeug sei.

Neulich, irgendwo in der Stadt, sah ich von weitem drei Kinder, die in euphorischem Tanz mit wehenden Haaren und Kleidern auf der Stelle hüpften. Sie juchzten und kreischten, befanden sich aber bei alledem etwas abseits vom Gehweg, so daß sie niemanden störten. Beim Näherkommen sah ich dann, daß sie auf dem Gitter eines Luftschachtes herumsprangen, aus dem warme Luft nach oben geblasen wurde. In der Nähe dieser Warmluftquelle befand sich eine Haltestelle, an der einige Leute warteten. Eine ältere Frau sah sich das Treiben eine Weile an, ging entschlossen auf die Kinder zu, die gerade herausgefunden hatten, daß man die Luft auch gezielt durch Jackenärmel und Hosenbeine leiten konnte, und sagte mißbilligend: «Geht da mal weg! Das ist doch kein Spielplatz!»

Zu meiner Erleichterung fand sie nicht die ungeteilte Zustimmung der Umstehenden. Ein offensichtlich gerade von der Arbeit gekommener ebenfalls älterer Mann warf der Spielverderberin einen finsteren Blick zu und sagte laut und bestimmt: «Nun machen Sie mal halblang! Wollen Sie den Kindern nicht mal mehr 'n bißchen warme Luft gönnen!? Was sind Sie denn für ein Mensch??»

Ja, was war das wohl für ein Mensch?

Als die Redensart «Wenn kleine Kinder spielen, sind sie gesund» entstand und in den allgemeinen Sprachgebrauch übernommen wurde, da dachte bestimmt noch kein Mensch an vollausgestattete, mit allen altersgemäßen Spielsachen wohlbestückte Kinderzimmer. Da spielten Kinder eben noch mit allem, was sich rundherum ergattern ließ.

Natürlich, mit einem einfachen Rührlöffel kann ein Kind weniger anrichten als mit einem elektrischen Quirl. Auf eine stabile Holztruhe kann man raufklettern und auf einen Fernseher nicht. Das muß aber nicht dazu führen, daß sich die elterliche Besorgnis, das Kind könne sich oder anderen Schaden zufügen, total verselbständigt und sozusagen im Daueralarmzustand auf jede Beschäftigung reagiert, die außerhalb des Spielens mit «richtigem» Spielzeug liegt! Nahm doch neulich eine Mutter ihrem Zweijährigen den Eierlöffel aus der Hand, weil das Kind damit nicht auf das Ei, sondern auf den Tisch, den Stuhl und den Milchbecher geschlagen hatte, um zu horchen, wie unterschiedlich das klang!

Warum dürfen so viele Kleinkinder keine alten Zeitungen zerreißen oder – Gott behüte – ein Knäuel Wolle aufziehen? Und wenn ein Kind die Taschenlampe seines Vaters mehr als dreimal an- und ausknipst, wird sie ihm garantiert weggenommen: «Gib her, das ist kein Spielzeug!» Warum eigentlich nicht? Ich habe es zwar nicht ausprobiert, aber ich schätze, daß der Mechanismus einer Taschenlampe mehr aushält als der eines ferngesteuerten Spielautos.

Auch ich selbst habe keineswegs immer allen Gegenständen die ihnen innewohnenden Spielmöglichkeiten angesehen. Als ich Thomas einmal damit beschäftigt fand, den Inhalt des Familiensparschweins mit einem Messer nach draußen zu befördern, da sagte ich spontan und überzeugt: «Laß das sofort sein, das ist kein Spielzeug!» Aber Thomas läßt sich so schnell nicht aus dem Konzept bringen. Mit entwaffnendem Eifer antwortete er: «Doch! Das ist wie ’n richtiges Geduldsspiel! Wenn alles raus ist, steck ich’s wieder rein, okay?» Okay – natürlich.

Ein anderes Mal hatte Gaby sämtliche zwei- bis dreihundert Knöpfe aus der schon seit Generationen weitervererbten Knopfschachtel auf den Boden geschüttet, und sie machte sich daran, die Knöpfe nach Farben und Formen zu ordnen und zu zählen. Was hätte man dagegen einwenden können, außer daß nun der ganze Teppich mit Knöpfen übersät war? Dennoch setzte ich schon an zur Aufforderung, den Teppich auf der Stelle frei zu räumen, als Gaby mir den Wind aus den Segeln nahm: «Das macht viel mehr Spaß als das Spiel von Onkel Harry, wo man diese komischen Kugeln immer hin- und herschieben muß», erklärte sie, und dann hielt sie ein zartgrünes, seidenbezogenes Knöpfchen hoch und fragte: «An welchem Kleid hat das eigentlich mal gesessen?» – «An meinem Tanzstundenkleid», sagte ich, wunderte mich selbst, daß mir das auf Anhieb einfiel, und mußte Gaby auf der Stelle erzählen, was sich an diesem denkwürdigen Tage alles zugetragen hatte. Dabei verpaßte ich mal wieder, die Kartoffeln rechtzeitig aufzusetzen, und so gesehen hätte ich eben doch einfach sagen sollen: «Räum sofort die Knöpfe wieder ein und spiel mit deinem Bilderlotto!»

Genaugenommen ließe sich alles bisher Gesagte in zwei Sätzen zusammenfassen. Erster Satz: Nicht alles, was Spaß macht, muß verboten werden. Zweiter Satz: Es muß nicht immer Spielzeug sein, womit sich's spielen läßt. Das wär's dann schon.

Übung macht den Meister ...

Als der neunjährige Uwe nach Haus kam, mit zerrissenem Hemd, aufgeschlagenen Knien und erschrockenen Augen in einem Gesicht, in dem die Tränen eine deutliche Spur durch Staub und Sand hinterlassen hatten – da nahm ihn die Mutter schnell zur Seite: «Mein Gott, was ist denn schon wieder passiert? Komm schnell ins Badezimmer, bevor dich der Vater so sieht!»

Aber das Vaterauge stand leider der sprichwörtlichen Schärfe des Mutterauges nicht nach, und so entging auch der gesäuberte und abgeklopfte Knabe weder den gefürchteten Nachfragen noch den sattsam bekannten Vorwürfen: «Haben sie dich also wieder mal verdroschen, was? Und natürlich hast du dich wieder nicht gewehrt, wie?! Ich seh's richtig, wie du wieder dagestanden hast wie ein Schlachtlamm! Wann wirst du's denen endlich mal zeigen?!» Und zum krönenden Abschluß dann noch wütend-abfällig: «Was bist du bloß für ein Junge?!»

Was Uwe für ein Junge ist, läßt sich mit wenigen Worten sagen: Er ist ein Junge – oder sagen wir einfach ein Kind –, das sich nicht durchsetzen, nicht wehren, seine Meinung nicht offen sagen, seine Wünsche nicht vorbringen kann. Als die Lehrerin einmal seine Klassenarbeit mit der seines Banknachbarn verwechselt hatte und dem Uwe eine Fünf in ihr Notizbuch eintrug, obwohl er doch eine Zwei geschrieben hatte, da mußte erst die Mutter in die Schule kommen, um diesen leicht zu klärenden Irrtum richtigzustellen. Die Lehrerin war dann auch etwas ärgerlich: «Da hättest du mir doch nur dein Heft zu zeigen brauchen», sagte sie kopfschüttelnd und sah Uwe schon fast mit dem gleichen Blick an, mit dem ihn sein Vater auch zu mustern pflegte. Auch die Mutter seufzte auf, bevor sie sich zum Gehen wandte: «Der Junge ist nun mal so.» Und sie machte ein Gesicht, als hätte sie beim Einkaufen gerade nur noch den letzten und kümmerlichsten Blumenkohl erwischt. Den gleichen Satz wiederholte sie am Nachmittag, als ihr Bruder, der Onkel Leo, mal vorbeischaute, um sich zu erkundigen, was er Uwe wohl zum Geburtstag schenken könnte. «Wünschen tut er sich ja ein Märchenbuch», meinte sie, «aber damit zieht er sich dann bloß wieder stundenlang zurück und hört und sieht nichts mehr; der Junge ist ja nun mal so.» – «Na und? Warum soll er nicht so sein?» bemerkte der Onkel leichthin, «aber ihr habt ja offenbar an ein anderes Geschenk gedacht, wie?» Die Mutter nickte: «Wir dachten an einen Karateanzug; weil Uwe doch schon zu dem Kurs angemeldet ist. Er muß doch endlich mal lernen, wie man sich wehrt!»

An dieser Stelle bekam Onkel Leo ganz böse kleine Augen, und bevor Uwes Mutter sich überlegen konnte, was eigentlich seinen Stimmungsumschwung bewirkt hatte, sagte er mit ungewohnter Schärfe: «Ich hab jetzt keine Zeit, mit dir zu diskutieren; aber eins kannst du deinem lieben Mann schon mal bestellen: Wenn er will, daß Uwe es lernt, sich zu wehren, dann muß er ihn das auch üben lassen! Und zwar hier zu Hause! In den eigenen vier Wänden! Und dazu braucht der Junge keinen Karatekurs, sondern einen Vater, der begreift, daß er ein lebendiges Kind vor sich hat und keine Marionette!»

Sprach's, drehte sich um, war schon fast aus der Tür, kam dann doch noch einmal zurück und sagte ganz beherrscht und mit gewohnter Freundlichkeit: «Nur damit ihr euch darauf einstellen könnt: von mir kriegt er das Märchenbuch!»

Es sieht so aus, als könnten viele Eltern nicht einschätzen, wieviel Mühe es ein Kind kostet, bestimmte Verhaltensweisen zu erlernen. Und welche Voraussetzungen es dazu braucht. Dabei wird auch die ungeduldigste Mutter ohne weiteres einsehen, daß ihr Kind lange probieren und üben muß, bis es eine Schleife binden oder mit Messer und Gabel essen kann; dagegen fällt es selbst einer sonst geduldigen Mutter schwer, zu begreifen, daß ihr Kind unfähig sein könnte, das eben gekaufte schimmlige Brot zum Bäcker zurückzutragen. Sagt es dann gleichermaßen ratlos wie widerborstig: «Das kann ich nicht, das hab ich noch nie gemacht!», wird die Antwort kurz und knapp ausfallen: «Was soll denn das heißen – kann ich nicht! Stell dich gefälligst nicht so an!» Und selbst der autoritärste Vater wird im Traum nicht auf den Gedanken kommen, daß er seinen Kindern befehlen könnte, an einem von ihm bestimmten Tag zum erstenmal ein Rad zu besteigen und damit loszufahren. Im Gegenteil, hier wird er auf gründlichem Üben bestehen und wird sogar jeden voreiligen Optimismus der von der neuen Kunst begeisterten Kinder dämpfen: «Bildet euch bloß nicht ein», wird er sagen, «daß ihr schon radfahren könnt, bloß weil ihr nicht in jeder Kurve gleich umkippt! Da müßt ihr üben, üben und nochmals üben, bevor man euch auf die Menschheit loslassen kann!»

Recht hat er. Aber schon am nächsten Tag läßt er sein Kind vielleicht auf etwas los, was es genausowenig kann, weil es das auch noch nicht geübt hat. Und wenn es sich bloß darum handeln sollte, irgendwo zu klingeln und etwas zu bestellen. Hat es denn überhaupt schon mal mit einem Erwachsenen richtig reden können, ohne daß ein anderer Erwachsener ihm ständig das Antworten abgenommen hätte?

Neulich in einem Bäckerladen, da wandte sich die Verkäuferin ganz freundlich einem kleinen Jungen zu, der mit einem Geldstück in der Hand offensichtlich einen selbständigen Einkauf tätigen wollte, und fragte: «Na, was hast du dir denn nun ausgesucht? Was ißt du denn am liebsten?» Und bevor das Kind noch Luft geholt hatte, um zu antworten, sagte seine danebenstehende Mutter ganz automatisch: «Er wollte heute mal ganz allein einkaufen. Er möchte ein Schweineohr!»

Ich schwöre, so war es!

Bei alldem haben manche Eltern Glück: Sie verbieten ihren Kindern, bei Tisch zu reden, sagen zwanzigmal am Tag: «Frag nicht soviel, tu, was man dir sagt!», erlauben ihnen nicht, das Werkzeug, den Plattenspieler oder die Nähmaschine anzurühren, klopfen ihnen auf die Finger, wenn sie einen abgenagten Hühnerknochen näher untersuchen wollen, ermahnen sie pausenlos, nicht so laut und nicht so wild zu sein und um Himmels willen doch nicht dauernd zu stören ... und die Kinder schlagen allen düsteren Voraussagen ein Schnippchen, werden weder Schulversager noch Stotterer, bleiben neugierig und kontaktfreudig und bringen es womöglich fertig, unaufgefordert zu einem Reparaturschnelldienst zu gehen, wenn sie unterwegs den Absatz vom Schuh verloren haben.

«Wunder», wie es uns so schön gesungen wird, «gibt es immer wieder»; aber verlassen sollte man sich wirklich nicht darauf.

Der Normalfall sieht unerbittlich so aus: Ein Kind wird immer nur das können, was es sich zu Hause antrainieren darf. Auch wenn es sich nur darum handelt, bei entsprechender Gelegenheit «nein» zu sagen. Und die vielen Gelegenheiten, bei denen wir innigst hoffen und dringlichst erwarten, daß unsere kleineren und größeren Kinder «Nein» sagen, die brauche ich doch wirklich nicht aufzuzählen.

Im Einzelfall wird es natürlich Meinungsverschiedenheiten zwischen den Eltern geben. Uns zum Beispiel bewegte einmal folgende Frage: Darf man ein kleines Kind trampeln, kreischen und sich wie Rumpelstilzchen gebärden lassen, wenn es sich über irgend etwas aufregt? Ich hatte so meine Zweifel, aber mein Mann hat damals mit großer Entschiedenheit behauptet, er sei so oft in seinem Leben derart arroganten, unverschämten und rücksichtslosen Menschen begegnet, über die er sich so aufgeregt habe, daß er eigentlich hätte kreischen, trampeln und auf den Tisch schlagen müssen! Leider habe er das mangels Übung niemals fertiggebracht.

Da muß man ihm vielleicht recht geben. Es wäre ja wirklich gut, nicht wahr, wenn es mehr Menschen gäbe, die sich auf eindrucksvolle Weise zur Wehr setzen können gegen Zumutungen, Bösartigkeiten und Unrecht.

Und denken Sie nur einmal daran, wie warm es einem immer ums Herz wird, wenn im Film ein unerschrockener Mensch im passenden Augenblick genau das tut, was wir alle gern täten, wenn wir uns nur trauten! Und wenn ich so zurückdenke ... also – ein, zwei Situationen hat es in meinem Leben gegeben, da hätte ich wenigstens den Schreibtisch meines Gegenübers packen und umkippen sollen! Schade, daß ich es nicht getan habe.

So gesehen, sollten wir unseren Kindern vielleicht doch die Chance geben, einmal zu denen zu gehören, die sich trauen. Und sollten sie die unerläßlichen Vorübungen dazu machen lassen. Im eigenen Heim natürlich. Wo sonst??

Wobei ich von zwei Voraussetzungen ausgehe: daß nicht *ich* es bin, die ihnen Grund gibt, sich so fürchterlich aufzuregen, und daß es allenfalls darauf hinausläuft, daß sie die scheußliche Puppe, die sie auf dem Rummel gewonnen haben, aus dem Fenster schmeißen!

Nicht erlaubt und nicht verboten

Es hat eine Weile gedauert, bis wir dahinterkamen, warum wir eigentlich die Kaffee-Einladungen bei Familie Weber mit immer weniger Begeisterung annehmen. Webers sind schließlich nette, intelligente Leute, die nicht nur guten Kuchen, sondern auch anregende Gespräche anbieten. Auch ihre drei Kinder sind freundlich und aufgeschlossen, wir haben sie richtig gern. Es ist nur so: Da kommt etwa der achtjährige Andreas ins Zimmer, geht stumm zum Schreibtisch seines Vaters, zieht eine Schublade auf und beginnt, darin herumzusuchen. Der Vater verfolgt diese Aktion mit beunruhigtem Blick und sagt so etwas wie: «Was machst du denn da schon wieder? Du weißt, ich hab das nicht gern!» Andreas murmelt dann irgend etwas vor sich hin, bei dem nicht auszumachen ist, ob es sich um eine plausible Erklärung oder nur um eine oberflächliche Beruhigung des Vaters handelt, hat schließlich gefunden, was er suchte, und strebt, einen freundlichen Blick in die Runde werfend, so unauffällig wie möglich aus dem Zimmer. Bevor er an der Tür ist, sagt seine Mutter aber noch in vorwurfsvollem Ton: «Du sollst doch nicht immer Vatis Bleistifte nehmen!» Damit beschleunigt sie Andreas' Abgang noch ein wenig, und dann nimmt unser Gespräch seinen Fortgang.

Wenig später kommt vielleicht die zwölfjährige Bärbel herein, sagt allen ein munteres «Hallo!», holt sich einen Teller aus dem Schrank, fragt: «Ich darf doch, nicht wahr?» und beginnt sich von der großen Kuchenplatte zu bedienen. Unser Gespräch steht still, denn beide Eltern beobachten das Vorgehen der Tochter mit gespannter Aufmerksamkeit. Beim dritten Kuchenstück sagt einer der beiden energisch:

«So, jetzt ist es aber genug!» – worauf Bärbel noch ein viertes und vielleicht noch ein etwas kleineres fünftes Stück auf den Teller türmt und mit verschmitztem Lächeln den Rückzug antritt. «Du sollst doch nicht so viel Süßes essen», bemerkt ihre Mutter dann mit einem ganz zarten, leidenden Unterton, während der Vater mit trockenem Humor hinzufügt: «Und morgen früh muß ich den Reißverschluß von deinen Jeans wieder mit der Kneifzange zuziehen!» Giggernd und in unangefochten guter Laune verläßt dann auch dieses Kind das Zimmer.

Irgendwann erscheint auch das vierjährige Nesthäkchen Nicola, um etwa, einem plötzlichen Antrieb folgend, die Blumentöpfe zu gießen oder auf einem Sessel Kopfstand zu üben; und wenn die Eltern erkennen lassen, daß sie beides im Augenblick nicht so gern hätten, bewirkt das zunächst gar nichts. Allerdings hört das Kind mit den beanstandeten Tätigkeiten irgendwann von allein auf, weil die sich als Dauerbeschäftigung nicht so gut eignen.

Manchmal versuchen die Eltern auch, allen denkbaren Aktivitäten des Töchterchens zuvorzukommen, indem sie liebevoll sagen: «Bitte, Schatz, laß uns jetzt mal allein, ja?» Nach unserer Erfahrung erklimmt das Kind dann augenblicks einen Sessel und sagt: «Ich bin ja ganz leise.» Worauf zunächst einmal die Eltern ganz leise sind und erst dann wieder ein mahnendes Wort an ihr Kind richten, wenn es etwa anfängt, die Sessellehne mit Spucke abzureiben. Nach kurzer nachdenklicher Pause holt sich Nicola dann eine alte Illustrierte, klettert zu ihrem Vater auf den Schoß, und während wir fortfahren, die Energiefragen zu erörtern, zeigt sie in Abständen mit ihrem kleinen dicken Finger auf ein Foto, das ihre Heiterkeit erregt hat, und stößt kleine, schrille Lachtöne aus. Zwischendurch schildert ihr die Mutter die Vorzüge der eigenen Spielsachen in verlockendster Weise, aber das führt meistens nur dazu, daß Nicola das Angebot macht, die erwähnten Stofftiere und Puppen allesamt in unsere Runde einzubringen. Manchmal tut sie das auch, und manchmal vergißt sie dabei auch das Wiederkommen.

Ich muß nochmals betonen: Webers sind reizende Leute, und sie haben auch reizende Kinder. Was uns in diesem Haus so kribblig macht, ist nur das: Hier ist nichts erlaubt und nichts verboten, und das muß doch außer uns auch noch andere irritieren! Zumindest doch die Kinder selber ...

Natürlich plädiere ich hier nicht für lange Verbotslisten und strikte Überwachung ihrer Befolgung. Ich bin ziemlich sicher, daß es in deutschen Landen immer noch viele überflüssige Verbote gibt und entsprechend zuwenig Erlaubtes. Aber wenn es dann doch wenigstens ernsthaft verboten oder wirklich erlaubt wäre! Dann wüßten die Kinder, woran sie sind, und brauchten ihren Freiraum nicht täglich und stündlich neu zu vermessen. Soviel Spaß macht es nämlich garantiert nicht, das ständige Ausprobieren, wie weit man gehen kann, das alle Aktivitäten von vornherein beeinträchtigen muß durch die Vorstellung nachträglicher Vorwürfe oder weinerlicher Appelle an die bessere Einsicht. («Das hättest du dir doch denken können, daß man das nicht machen kann!»)

Das fängt vielleicht ganz harmlos an. Etwa damit, daß sich das Dreijährige im Bett immer noch einen Bonbon in den Mund schiebt und die Eltern, vom unwiderstehlichen Charme ihres Sprößlings bezwungen (oder auch von der Sorge, er könnte sonst wieder «Theater machen» mit dem Schlafen), nur mahnend sagen: «Du sollst doch nach dem Zähneputzen keine Süßigkeiten mehr essen! Du weißt doch, daß du davon ganz schlechte Zähne bekommst.» Was das Kind weiterlutschend zur Kenntnis nimmt.

Später hat sich das älter gewordene Kind vielleicht angewöhnt, unangenehme Dinge zu verdrängen, indem es schnell mal eben den Fernseher anschaltet und sich selbstvergessen davorhockt – egal, was da gerade läuft. Und dann vernimmt es aus dem Hintergrund ein mißbilligendes: «Muß das jetzt sein? Du wolltest doch zuerst deine Schularbeiten machen!» Sollte sich das Ganze zu vorgerückter Stunde abspielen, wird vielleicht noch hinzugefügt: «Und morgen früh findest du wieder nicht aus dem Bett! Und überhaupt ist das gar kein Film für dich!» Den rechten Spaß hat das Kind nun auch nicht mehr beim Fernsehen, aber solange es nicht wirklich verboten wird ...

Als ich neulich bei Freunden war, kam der vierzehnjährige Sohn dazu, als der Vater sich gerade eine Zigarette ansteckte, und fragte, die Hand schon in Richtung der Packung ausgestreckt: «Krieg ich auch eine?» Worauf der Vater dem Jungen mit umwölkter Stirn Zigaretten und Feuerzeug zuschob und diesen Vorgang mit den Worten begleitete: «Gewöhn dir das bloß nicht an! Erstens schadet es deiner Gesundheit, und zweitens sieht es fürchterlich aus, wenn du rauchst!» Und zu mir gewandt, fügte er noch hinzu: «Sieht es nicht wirklich gräßlich aus, wenn diese Halbwüchsigen den Rauch so wichtig durch die Nase blasen??» Worauf der Sohn mit inzwischen brennender Zigarette beleidigt das Zimmer verließ.

Ich sehe ja ein: Für alle Eltern, die neben der Erziehung ihrer Kinder auch noch ein paar andere Dinge tun müssen und wollen (für *alle* also), ist die Versuchung groß, einem sich anbahnenden Konflikt durch Wegsehen oder Sichtaubstellen auszuweichen. Aber es hilft ja nichts. Wenn es nicht damit enden soll, daß man nur noch mit ratlos wedelnden Armen jammernd in der Zimmermitte steht, muß man einfach darauf dringen, daß bestimmte Dinge eben nicht stattfinden. Und andere auf jeden Fall stattzufinden haben. Ende der Debatte. Es nützt auch nichts, sich damit herausreden zu wollen, daß man in vielen Fällen gar nicht kontrollieren kann, ob das Kind sich an die Anordnungen hält oder nicht. Das Problem ist ja nicht neu. Zu allen Zeiten konnten Verbote, die etwa das Rauchen oder Trinken, das Ansehen nicht jugendfreier Filme, das Klauen in Nachbars Garten oder das Betreten bestimmter Lokale betrafen, nicht überwacht werden;

und zu allen Zeiten haben Kinder solche Verbote übertreten und sind mal erwischt worden und mal nicht. Aber die Tatsache, daß ein Verbot mißachtet werden kann, kann doch das Verbot selbst noch nicht in Frage stellen, oder wie sehe ich das?

Im übrigen wird *eine* Funktion, die Verbote haben, leicht übersehen: Für jüngere Kinder sind sie ja nicht nur einengende Käfigstäbe, an denen wütend herumgerüttelt wird, sondern gleichzeitig auch Schutzgitter, die Sicherheit vermitteln. Natürlich übersteigen die Kinder zuweilen auch diese Schutzgitter; aber das ist dann eine ganz wichtige Erfahrung für sie: bewußt das Verbotene riskiert zu haben, mit voller Absicht das Gegenteil von dem gemacht zu haben, was die Eltern wollten! Das muß ja auch mal sein. Man muß doch herauskriegen, wie man sich fühlt nach solcher «Tat».

Aber danach sollten Kinder immer wieder die Möglichkeit haben, sich in ihren abgesicherten Bereich zurückzuziehen, in dem Erlaubtes und Verbotenes klar zu erkennen sind.

Die Zeit der bloßen Empfehlungen und Ratschläge kommt für die Eltern ohnehin noch früh genug. Mit jedem Jahr werden sie einen Teil der Verbotsschilder durch bloße Wegweiser ersetzen können; und sind die Kinder erst mal sechzehn, siebzehn Jahre alt, dann gibt es nur noch Weniges, das man verbieten könnte, sollte und müßte. Aber bis dahin –

Neulich hörte ich eine Gruppe von ungefähr Zehnjährigen über einen Ausflug in die Pilze beratschlagen. Am besten, man gehe schon um vier Uhr früh los, bevor einem andere die besten Funde wegschnappten. Aber ob das die Eltern erlauben würden? «Wenn Elkes großer Bruder mitkommt, darf ich bestimmt», sagte einer, während andere gleich den Kopf schüttelten. Um vier Uhr morgens in den Wald? Niemals. Daraus wird nichts. «Und was ist mit dir, Rita?» – «Erlauben tut meine Mutter das auch nicht», ließ sich Rita vernehmen, «aber wahrscheinlich tut sie einfach so, als ob sie nicht merkt, wenn ich abhaue. Sie kann das nämlich nicht leiden, daß wir uns zanken!» – «Und was ist, wenn du nach Hause kommst?» erkundigte sich jemand. «Dann meckert sie natürlich», sagte Rita. Ein paar Sekunden lang herrschte Schweigen; dann sagte einer aus der Runde mit hörbarem Staunen: «Die ist echt komisch, deine Mutter.» Und was ich dann noch hörte, war, wenn ich mich nicht täusche, zustimmendes Gemurmel.

Wo bleibt da der Humor?

Es gibt kaum eine Eigenschaft, auf deren Besitz Menschen soviel Wert legen wie auf den Humor. Eher könnte man einem Mann vorhalten, daß er ein miserabler Autofahrer ist, oder einer Frau versichern, daß sie sich unmöglich anzieht, als daß man behaupten dürfte, sie hätten keinen Humor. Da hört der Spaß auf! Wer als humorlos gilt, muß sich schließlich als unbeliebt betrachten, als jemand, dessen Gesellschaft keinerlei Vergnügen bereitet.

Verständlich also, daß alle Welt so versessen scheint, auch schon in den Kindern einen sozusagen gesunden, urwüchsigen Humor zu wecken.

Gewöhnlich geschieht das in folgender Weise: Nachdem man Baby und Kleinstkind durch einfache Überraschungseffekte wie Kitzeln und Grimassenschneiden zu befreiendem Lachen gebracht hat (was das Kind auch sichtlich genoß), wird man es in den folgenden Jahren darauf trainieren, «einen Spaß zu verstehen», in der Hoffnung, daß es, wenn es größer wird, auch seinerseits zur Erheiterung der Mitmenschen beiträgt. Aber das alles hat mit Humor nicht das geringste zu tun. Ich darf das so entschieden behaupten, weil ich selbst als Kind unter dem angeblichen Humor eines Onkel schwer gelitten habe. Es war ein gewisser Onkel Erwin, der sich berufen fühlte, auch meinen Sinn für Humor zu entwickeln. Das begann damit, daß er mich, sobald ich in seine Nähe kam, packte und hoch in die Luft warf, um mich erst im allerletzten Moment wieder aufzufangen. Meinen wütenden Protest pflegte er mit dröhnendem Gelächter zu beantworten, während er sich schon nach allen Seiten umsah, um heimtückisch zu fragen: «Wo ist denn das liebe Häschen heute?» – «Das liebe Häschen» war mein geliebtes und behütetes Schlaftier und lag immer auf meinem Kopfkissen. Onkel Erwin ergriff es denn auch unverzüglich, indem er sagte: «Heute schneide ich ihm aber ganz bestimmt die Ohren ab!» Das nämlich war es, was er seit Jahren als seinen unbezwinglichen Herzenswunsch darstellte: die Ohren meines Hasens zu besitzen.

Vielleicht hätte er diesen barbarischen Vorsatz längst aufgegeben, wenn ich nur ein einziges Mal gelacht hätte bei dieser Szene; aber gerade das tat ich nicht. Anfänglich hatte ich den Griff nach dem Plüschtier mit Weinen beantwortet, später hatte ich mein Eigentum zornbebend verteidigt. Onkel Erwin muß in jedem Fall auf seine Kosten gekommen sein, denn er lachte immer laut und herzlich, wenn er die Vorstellung damit abschloß, den Hasen an eine schwer zugängliche Stelle zu setzen.

Eines Tages dann erhielt ich Hilfe: Der Onkel hatte sich diesmal auf meinen Bruder konzentriert und hatte – Spaßvogel, der er war – glaubwürdig vorgetäuscht, dessen schönen grünen Radiergummi verschluckt zu haben; ein Kunststück, das mein Bruder mit äußerstem Widerwillen zur Kenntnis nahm. Und als dann anschließend erneut das Schrecknis der abgeschnittenen Hasenohren heraufbeschworen wurde, stürzte sich mein Bruder auf den verblüfften Onkel, entriß ihm das Tier und kreischte wütend: «Ich will dir mal was sagen: Wir finden dich überhaupt nicht komisch!»

Onkel Erwin hatte darauf nur undeutlich gemurmelt, daß unsere ganze Familie anscheinend völlig humorlos sei. Eine Behauptung, die ich bis zum heutigen Tage ganz entschieden bestreite.

Aber die «Onkel Erwins» scheint es mir noch immer zu geben, Erwachsene also, die es für Humor halten, wenn sie die Kinder ärgern. Wobei ich nicht kleinlich sein will: in gewissen Grenzen lassen sich Kinder wie Erwachsene ja durchaus mit Vergnügen ärgern. Jener spielerische, provozierende Anreiz – ehemals «Necken» genannt – ist schließlich das

Startzeichen für eine großzügig verschobene Toleranzgrenze: Der Vater, der den Kinderball hoch über seinen Kopf hält, darf unsanft angesprungen und erklettert werden; die Tante, die besorgniserregende Anstalten macht, im Kinderbett zu übernachten, ist nicht ein bißchen beleidigt, wenn man ihr klipp und klar bedeutet, daß man sie im eigenen Bett um keinen Preis haben will und daß es einem völlig schnuppe ist, wie sie ihr Schlafproblem löst. Dergleichen erfrischt. In erster Linie erfrischt es die Kinder, denn Erwachsene überblikken oft nicht so ganz, worauf sie sich mit derlei Späßchen einlassen. Ich denke dabei an die Tante meines Schulfreundes Fredi, die sich viel auf ihren «goldenen Humor» zugute hielt; weshalb sie auch die Kindergeburtstage regelmäßig mit humoristischen Einlagen würzte. Einmal hatte sie den Einfall gehabt, sich jeweils von hinten an eines der Kinder heranzuschleichen, um ihm dann durch eine zur Röhre gerollten Zeitung ein schrilles «Huch!» ins Ohr zu tuten. Stieß das Kind erwartungsgemäß einen Schrei aus und machte es noch ein paar komische Verrenkungen vor Schreck, dann war der Spaß gelungen. Nun war dem Fredi aber eingefallen, daß auf dem Hängeboden noch ein ganz langes Papprohr liegen müsse, und das suchten und fanden wir auch. Dann schlichen wir unsererseits an die inzwischen kaffeetrinkende Tante heran. Während ich das Papprohrende unsanft gegen das Tantenohr drückte, schickte Fredi einen markerschütternden Schrei von der anderen Seite her durch das Rohr. Die Wirkung war über alle Maßen fabelhaft. Die Tante zuckte zusammen, goß sich den heißen Kaffee über die Bluse, sprang vom Stuhl hoch, stieß dabei das Milchkännchen um, und während sie die Tischdecke anhob, um die Milch am Herunterfließen zu hindern, versenkte sie ihre an langer Goldkette hängende Uhr in der Schlagsahneschüssel. Der Geburtstag hatte damit einen echten Höhepunkt erreicht. Die Tante indes kniff unheildrohend die Augen zusammen, erwischte Fredi am Ärmel und holte mit der freien Hand in eindeutiger Weise aus – da trat

Fredis Vater hinzu und sagte mit fester Stimme: «Jetzt, meine Liebe, jetzt genau ist der Augenblick gekommen, Humor zu beweisen!»

Da Humor, wie man sieht, ohne Gelassenheit und ohne den berühmten Schuß «Weisheit» nicht zu haben ist, kann man ihn von einem Kind nun schon gar nicht erwarten. Das kindliche Gefühl für Komik ist noch ganz vordergründig und pendelt vorwiegend zwischen Albernheit und Schadenfreude. Ihre eigenen kleinen Mißgeschicke nehmen Kinder indes bitterernst und können in keiner Weise Distanz zu ihnen gewinnen.

Es läuft also darauf hinaus, daß man im Umgang mit Kindern lediglich seinen eigenen Sinn für Humor vervollkommnen kann. Wobei Humor bitte niemals mit Ironie verwechselt werden sollte. Ironie nämlich wird von Kindern weder verstanden noch vertragen, denn sie leben von der Wärme des Gemüts und nicht von der Schärfe des Intellekts. Wort- und witzgewandten Eltern fällt es mitunter schwer, diese ihre Begabung brachliegen zu lassen, aber wenn sie ihre Kinder nicht kränken und verletzen wollen, müssen sie sich wohl oder übel beherrschen.

Ich kannte mal jemanden, der sich zeitlebens für außergewöhnlich witzig hielt und auch gerade seine Kinder nicht verschonte. Als sein Sohn erstmalig eine Freundin – eine herzklopfend geliebte! – mit nach Haus brachte, warf der Vater nur einen kurzen Blick auf das Mädchen und sagte, sobald er mit seinem Sohn allein war, mit leicht verzogenen Mundwinkeln: «Ich bewundere dich aufrichtig! Die meisten jungen Männer deines Alters sind so äußerlich und anspruchsvoll. Dabei haben gerade diese unscheinbaren und langweiligen Mädchen so schöne versteckte Talente. Sicher kocht sie gut.» Woraufhin der Sohn ernsthaft erwog, allen Schwierigkeiten zum Trotz, das Elternhaus zu verlassen.

Wer hingegen wirklich Humor hatte, das war meine Tante Maria, obwohl sie nichts von jenem unterhaltsamen, munteren Typ an sich hatte, den man vorzugsweise für humorvoll hält. Im Gegenteil, Tante Maria war stets besorgt, daß jemand durch ein übermütiges Wort oder unbedachtes Lachen gekränkt werden könnte, und sie hat allgemeine Heiterkeitsausbrüche oft gestoppt, indem sie ernst und vorwurfsvoll sagte: «Da gibt es gar nichts zu lachen.» Sie selbst lachte wohl niemals an der falschen Stelle; schon gar nicht über Worte und Taten kindlichen Unverstandes. So hatte sie die Mitteilung ihres Siebenjährigen, er werde in ein paar Jahren auf jeden Fall seine Lehrerin heiraten, ebenso freundlich und aufmerksam zur Kenntnis genommen wie seine vielfältigen Berufspläne, die vom Opernkomponisten über den Kaninchenzüchter bis zum Revolutionär reichten. Tante Maria lachte nie jemanden aus.

Was nun ihren Humor angeht, so läßt er sich am besten durch folgendes Beispiel belegen. Wobei man vorausschikken muß, daß Tante Maria eine hartnäckige Sehnsucht hatte: Sie wollte – und keiner wußte so recht, warum eigentlich – unbedingt eine Reise in die Südsee machen. Natürlich paßte das immer nicht; aber sie gab diesen Gedanken nie auf; und nach über zwanzig Jahren war es dann wirklich soweit: Die Reise stand fest, der Flug war gebucht. Zwei Tage vor Antritt der Traumreise klingelte es an der Tür, und Tante Marias auswärts lebende Tochter stand da, mit einem sehr alten Koffer und einem sehr neuen Baby, und fiel der Mutter schluchzend um den Hals.

Tante Maria tröstete ihr großes Kind, bestellte den Flug ab und kommentierte das Ganze mit den Worten: «Was hab ich denn auch in der Südsee verloren ...»

Von Spiel und Arbeit

Alle Eltern wissen ein Lied davon zu singen, daß Kinder so außerordentlich schwer «an die Arbeit» zu kriegen sind. Hundertmal kann man ihnen sagen, daß sie das Besteck abtrocknen, den Staub von den Möbeln wischen oder den von Schnipseln – ihren Schnipseln! – besäten Teppich absaugen sollen – nichts! Und wenn sie dann tatsächlich doch tun, worum man gebeten hat, dann sind sie überhaupt nicht bei der Sache, stürmen nach – oder auch schon vor – dem letzten Handgriff davon und lassen Staubsauger, Lappen und Tuch irgendwo hinter sich zurück.

Angesichts dieses traurigen Tatbestandes pflegen sich Eltern, in Selbstkritik mittlerweile geübt, zu fragen, was sie wohl falsch gemacht haben könnten. Dem Ergebnis solchen Nachdenkens will ich hier gar nicht vorgreifen; ich will nur ein paar Überlegungen zum Thema Arbeit beisteuern.

Zunächst sei daran erinnert, daß kein Kind von Natur aus den Wunsch hat, untätig zu sein. Im Gegenteil, der unermüdliche Beschäftigungsdrang, der schon Einjährige daran hindert, sich länger als zwei Minuten aufs bloße Zusehen zu beschränken, und der Zweijährige dazu treibt, Möbel zu verrücken und schwere Bodenvasen hochzuheben – dieser durch Tausende von Beispielen zu belegende Tätigkeitstrieb schließt eine Annahme völlig aus: die Annahme, Kinder seien zu träge zum Arbeiten. Wir alle haben es auch schon selbst erlebt: Das Kind, das gerade maulend abgelehnt hat, für den erwarteten Kaffeebesuch ein paar Papierservietten zu falten, stürmt im nächsten Augenblick in den Keller, um aus einem alten, verstaubten Holzhaufen Bretter und Balken herauszuzerren, die es vier Treppen hochschleppt, weil es sich eine Hütte bauen will. Und das ist schon mal einer der Gründe für die vielbeklagte Arbeitsunwilligkeit: Das Kind hat zumeist schon selbst eine Arbeit im Kopf; wobei es zwischen «Arbeit» und «Spiel» bekanntlich nicht unterscheidet. Da ist es den Erwachsenen in mehrfacher Hinsicht voraus. Will man also ein Fünfjähriges zum Bäcker schicken, wird es häufig Einwendungen machen: «Kann ich nicht später gehen? Ich hab noch was zu tun!» Und dann ist es etwa dabei, für den Gemüsestand seines aus Zigarrenschachteln gebastelten Marktstandes Mohrrüben aus Knete herzustellen. Und wer da glaubt, seinem Kind bei dieser Gelegenheit «ein für allemal» klarmachen zu müsssen, daß erst die Arbeit (nämlich das Brötchenholen) und dann das Spiel (das Mohrrübenkneten) zu passieren habe – nun, der gibt sich alle Mühe, seinem Kind beizubringen, daß die nette Beschäftigung, zum Bäcker zu gehen und auf ganz erwachsene Weise einzukaufen, daß dieses Vergnügen in Wahrheit eine lästige, unangenehme Betätigung ist, nämlich Arbeit!

Nun gibt es natürlich auch Eltern, die sich überlegt haben, auf welche Weise Kindern die Lust am Helfen und Mitmachen erhalten werden könnte. Diese Eltern lassen ihre Kinder an allen häuslichen Aufgaben frühzeitig teilnehmen, sagen heiteren Sinnes: «Und nun räumen wir zusammen das Schlafzimmer auf!» und sehen sich dann auch ohne Anzeichen nervöser Ungeduld mit an, wie das eifrige Kind die Laken schief zerrt, die Kopfkissen auf die Erde fallen läßt und die Nachthemden zu Knäueln zusammenrollt. Anschließend drücken sie dem Kind ein Messerchen in die Hand und lassen es einen Apfel bis zum Kerngehäuse abschälen; und gleich darauf trennen sie vom Gehackten ein Viertelpfündchen ab, auf daß das Kind seine eigenen Bouletten herstelle.

Ganz sicher ist das ein Erziehungskonzept, das alle Aussicht hat, auch über die Pubertät hinaus noch Früchte zu tragen, aber leider nicht jedermanns Sache!

So läuft es wohl meistens darauf hinaus, daß kleine Kinder nur dann an Kochlöffel, Staubsauger und Wischtuch herankommen, wenn sie ausdrücklich darum bitten. Manchmal natürlich bittet das Kind auch vergebens; dann sagt die Mutter, der Unterstützung beim Schuheputzen angeboten wird: «Laß nur, ich bin gleich fertig, spiel du nur schön mit deinem Baukasten.» Das sagt sie solange, bis sie irgendwann einmal die Hoffnung hat, daß das Kind sie fühlbar entlasten könnte. Aber nun ist das Kind seinerseits nicht mehr interessiert; und nun geht es ja auch schon in die Schule.

Der Schulvormittag wird, unter günstigen Voraussetzungen, noch nicht als «Zwang» oder «Belastung» empfunden. «Gelernt» hat das Kind schließlich sein Leben lang, darauf ist es trainiert, und daran ist es nach wie vor auch interessiert. Aber dann, zu Hause – die Schularbeiten. Hier fällt das Wort «Arbeit» in seiner tristesten Bedeutung, denn nun soll das Kind etwas tun, was ihm zumeist völlig gegen den Strich geht. Und da hat es auch alle gegen sich: Eltern, Lehrer und alle älteren Geschwister und Freunde, die diese Schularbeitenmisere schon jahrelang mitgemacht haben! An Schularbeiten wird unentwegt erinnert, sie werden erzwungen oder gar erpreßt, da gibt es kein Erbarmen. Und am Ende schickt sich das Kind auch drein. Aber wenn es dann seine Schularbeiten hinter sich gebracht hat, dann ist seine Geduld im Hinblick auf die Erledigung von Unbeliebtem, Lästigem auch restlos erschöpft. Jetzt will es nur noch «Schönes» machen. Gut möglich, daß es «schön» ist, einkaufen zu gehen oder Gemüse zu putzen, daß es riesigen Spaß macht, dem Vater beim Heimwerken zu helfen. Empfindet es dergleichen hingegen als «Arbeit», wird es sich so halsstarrig gebärden wie ein überlasteter Maulesel. Gearbeitet hat es für diesen Tag genug! Und das hat es ja wirklich ...

Eltern sind für ihre Kinder immer ein Vorbild; auch und gerade da, wo sie es keineswegs beabsichtigen. So sind sie auch aufschlußreiches, lebendiges Anschauungsmaterial im Hinblick auf ihre Einstellung zur Arbeit. Nehmen wir mal an, der Vater kommt tagtäglich nervös, verärgert und ausgepumpt von der Arbeit nach Haus, und seine einzigen Kommentare bestehen aus Sätzen wie «Das war heute wieder nicht zum Aushalten!» oder «Dieser Job bringt mich noch um!» – können Sie sich da vorstellen, daß seine Kinder eine positive Einstellung zur «Arbeit» bekommen? Natürlich braucht kein Mensch mit einem Dressman-Lächeln die Tür aufzureißen beim Nachhausekommen, und er muß seine Kinder auch nicht gleich in überschäumender Lebensfreude in die Luft werfen; natürlich darf er ein bißchen stöhnen und sich in den nächsten Sessel fallen lassen – fürs erste. Aber irgendwann sollten die Kinder den Gesprächen ihrer Eltern doch entnehmen können, daß das Berufsleben auch seine erfreulichen, interessanten, befriedigenden Seiten hat. Für den Vater wie für die Mutter, die ja vielleicht auch eine Arbeit außer Haus hat oder hatte oder mal wieder haben wird. Gibt es aber absolut nie irgend etwas Angenehmes oder gar Heiteres zu berichten – dann sollten sich die Eltern ernstlich nach einer anderen Arbeit umsehen. So schwierig das auch sein mag.

Was die Hausarbeit angeht, so braucht die Mutter (gegebenenfalls natürlich der Vater) auch nicht mit dem Staubtuch in der Hand trällernd durch die Wohnung zu hüpfen, mit leuchtenden Augen ihr Mixgerät zu handhaben oder am Abend voller Vorfreude zu verkünden, daß am nächsten Tag die Gardinen gewaschen würden. Aber wenn sie den ganzen Tag über *nur* schlechtgelaunt herumläuft, all der gräßlichen Arbeit wegen, die sie immer wieder zu machen hat, dann kann ihre Aufforderung an die Kinder, ihr zu helfen, logischerweise auch nur bedeuten, etwas Unangenehmes, geradezu Abscheuliches zu erledigen.

Meine Tochter pflegte sich als kleines Mädchen immer wieder zu erkundigen, ob ich das, was ich gerade tat, auch gerne täte: Kartoffelschälen, Klößeformen, Knöpfeannähen. Anfangs hatte ich solche Fragen stets positiv beantwortet:

«Aber ja, sicher, warum nicht?» Bis ich dahinterkam, daß solch grundsätzlich bekundete Arbeitsfreudigkeit die Kinder von jeder Mithilfe dispensierte. «Ich denke, du machst das gern?» sagten sie am Ende ganz harmlos, wenn ich mich beschwerte, daß ich «wieder mal alles allein» tun mußte. Also begann ich zu differenzieren und erklärte Abwaschen, Küchescheuern und Aufräumen fürderhin als Tätigkeiten, über deren lusterzeugende Wirkung tunlichst nicht nachzudenken sei. Was getan werden muß, muß getan werden, möglichst zügig und mit freundlicher Unterstützung des Nachwuchses. Von anderen Dingen bekannte ich, daß ich sie gern tat; wie zum Beispiel Zimmerumräumen, An- und Umstreichen von Möbeln, Backen und Kochen zu besonderen Gelegenheiten, Häkeln und Briefeschreiben. Auf diese Art konnte ich es mir leisten, meinen Aufgaben teils heiter, teils stöhnend nachzugehen.

Vielleicht sollte darauf wirklich jeder achten: daß er den Alltag mit Beschäftigungen durchsetzt, die er gern macht. Notfalls auf Kosten der Arbeit, die er nicht gern macht. Ich will sagen, wenn jemand gerade Lust hat, einen neuen Kaninchenstall zu bauen, dann soll er das auch machen, und dann wird eben mal nicht gekocht und der Wagen nicht gewaschen und die Betten bleiben auch ungemacht. Anderenfalls kommt man vielleicht niemals zu den Dingen, bei denen die Kinder einen mit schwitzendem Vergnügen arbeiten sehen könnten. Und dann kommen sie am Ende zu einem ähnlich traurigen Ergebnis wie der kleine Sohn unserer Nachbarn: Als dieser gerade mal wieder miterlebt hatte, wie der Vater tagelang fluchend mit einer Autoreparatur beschäftigt war, während die Mutter unter permanentem Stöhnen den ehemals weißen Küchenschrank hellblau strich – alles Arbeiten, die den Jungen mächtig interessierten –, da sagte er schließlich ratlos und verzagt: «Erwachsene tun gar nichts mehr gern, wie?»

Es gibt da einen ganz alten Trick: Wenn etwas, was der Mensch durchaus nicht gern tut oder läßt, dennoch getan oder gelassen werden muß (oder soll), dann wertet man die Sache moralisch auf. Und dann geht es nicht mehr darum, ob etwas schlicht notwendig ist, sondern es wird nunmehr «gut» oder gar «ehrenvoll». Auf diese Weise haben wir auch den Fleiß und die Tüchtigkeit zu Tugenden erhoben, obwohl sie das – für sich genommen – gar nicht sind. Da müßte man doch erst mal wissen, nicht wahr?, wobei jemand so fleißig ist, und zu welchem Zwecke so außerordentlich tüchtig!

Aber das nur nebenbei. Auf jeden Fall wurde bei uns von jeher einem Menschen eine Menge nachgesehen, wenn er nur fleißig war. Außerhalb unseres eigenen Landes hat man diesen Fleiß auch schon als «Arbeitswut» definiert oder man hat uns sogar nachgesagt, wir verstünden nicht zu «leben». Was deutscherseits wieder mit der Behauptung gekontert wird, Leben *sei* Arbeit. Nun, ich will das hier nicht näher untersuchen, sicher scheint mir nur, daß die meisten Erwachsenen auf gar keinen Fall den Eindruck erwecken wollen, jemand könne annehmen, sie arbeiteten *nicht* viel und schwer. Jedenfalls begegne ich allerorten Menschen mit sorgenvoll gerunzelter Stirn bei Beschäftigungen, die ihnen eindeutig Spaß machen.

«Glaubst du vielleicht, das ist keine Arbeit, die ich hier mache?!» fuhr ein Vater unlängst seine kleine Tochter an, die der Meinung war, statt Briefmarken zu sortieren könne er genausogut mit ihr spielen.

Anderswo macht man es gerade umgekehrt. Wenn mich mein Reiseeindruck nicht trügt, geben sich zum Beispiel Italiener immer den Anschein, als frönten sie gerade ihrer Lieblingsbeschäftigung, während sie in Wahrheit hart arbeiten. So sieht man sie etwa pfeifend und singend an ihren Häuschen bauen, jederzeit ablenkbar, so daß man als Deutscher, der man eben ist, den Eindruck gewinnt, sie würden nie fertig. Natürlich werden sie aber fertig.

«Du willst immer nur machen, was dir Spaß macht!» hörte ich eine Frau neulich ganz aufgebracht zu ihrem halbwüchsigen Sohn sagen, und als dieser erwiderte: «Klar will ich das – wenn es irgendwie möglich ist», geriet seine Mutter völlig außer sich und prophezeite ihm, daß er mit dieser Einstellung noch im Gefängnis landen würde.

Eine andere Mutter klagte dem Klassenlehrer der Tochter ihr Leid: Barbara drücke sich vor jeder Arbeit, sie habe soviel Ärger mit ihr deswegen. Der Lehrer konnte diese Erfahrung aus seiner Sicht nicht bestätigen. In seinem Fach, in Biologie, sei das Mädchen ungewöhnlich fleißig. So habe sie beispielsweise gerade sämtliche einheimischen Singvögel in Lebensgröße gezeichnet, obwohl nur zwei Zeichnungen aufgegeben waren. Und wunderschön, mit großer Sorgfalt habe sie das gemacht. Darauf die Mutter ganz unbeeindruckt: «Das ist ja auch keine Arbeit – das macht sie doch *gern*!»

Merke also: Arbeit macht keinen Spaß. Oder umgekehrt: Was Spaß macht, kann keine Arbeit sein.

Wenn es wirklich das ist, was wir unseren Kindern beibringen – wie können wir dann erwarten, daß sie mit Spaß bei der Arbeit sind?!

«Und außerdem ...»

Genaugenommen sollte man mit dem Wörtchen «außerdem» überhaupt sparsam umgehen. Schließlich braucht man es ja immer dann, wenn man in vorausgegangenen Ausführungen einen Hinweis vergessen, ein Argument übersehen oder einen Gedanken ausgelassen hat.

Die «Außerdems» sind also allemal ein Zeichen dafür, daß schneller gesprochen als gedacht wurde. Was ihrer Beliebtheit allerdings keinen Abbruch tut. Und besonders im Umgang mit Kindern scheint das nachgeschobene «Außerdem» unentbehrlich zu sein.

Nehmen wir mal an, da hat ein Kind all seine eben benutzten Malutensilien – Tuschkasten, Pinsel, Papier und Wasserglas – auf dem Wohnzimmertisch zurückgelassen und ist auf den Spielplatz gelaufen. Die Mutter, die inzwischen den Tisch zum Essen decken wollte, mußte notgedrungen alles selbst wegräumen. Das ärgert sie natürlich, und sie macht dem heimkehrenden Kind berechtigte Vorwürfe: «Du hast wieder alles stehen und liegen lassen», sagt sie, und das ist nichts als eine sachliche Feststellung. «Wenn du deine Sachen in Zukunft nicht selbst aufräumst», fährt sie dann fort, «kannst du hier im Wohnzimmer nicht mehr spielen.» Womit sie dem Kind die logische Konsequenz seines Verhaltens vor Augen geführt hat; und es besteht durchaus Hoffnung, daß das Kind diese Logik innerlich akzeptiert und im stillen schon Besserung gelobt – auch wenn vorerst nur ein «Ja, ja, schon gut ...» ans mütterliche Ohr dringt.

Aber nun fällt der Mutter ein, daß sie sich mit dem total verschmierten Pinsel auch noch einen Fleck auf die Bluse gemacht hat; und ist das Kind überhaupt angemessen zerknirscht?! Also tut sie noch ein übriges und sagt: «... und außerdem hast du bei den Mäusen wieder nicht saubergemacht!»

Damit hat sie nun leider alles verdorben. Was haben die Mäuse mit dem Malzeug zu tun, denkt das Kind, womit es ja recht hat; aber dann denkt es noch weiter: Überhaupt, denkt es, war das gar nicht so schlimm mit dem Tuschkram! Mama soll sich nicht so anstellen, sie kann ruhig auch mal was wegräumen! Damit hat es natürlich nicht recht, aber so funktioniert das eben: Über *einen* Vorwurf läßt das Kind ja noch mit sich reden, aber wenn die Geschichte anfängt, unübersichtlich und erdrückend zu werden, dann will es sich lieber gar nicht bessern, sondern weiterhin unordentlich, vergeßlich oder vorlaut sein! Kinder werden schnell trotzig, wenn Erwachsene sich mit ihrer Pädagogik verheddern.

Ich erinnere mich an einen Ferienaufenthalt bei meinem Onkel Karl – da war ich vielleicht dreizehn Jahre alt –, als eine ganz selbstverständliche Bitte des Onkels für mich unannehmbar wurde, bloß weil er ein für mein Gefühl völlig unpassendes «Außerdem» angehängt hatte. «Tante Martha fühlt sich nicht wohl», hatte er gesagt, «würdest du bitte für sie die Johannisbeeren abernten? Morgen soll Saft gekocht werden.» Ich nickte schon ganz einverstanden, als der Onkel fortfuhr: «... außerdem wird dir das sehr guttun, ordentliche Arbeit an frischer Luft!» Diese angehängte Bemerkung, die auf unseren ewigen Streit über Sinn oder Unsinn meines «Stubenhockens» anspielte, machte mich so wütend, daß ich mich augenblicks für unfrische Zimmerluft entschied und der Beerenernte fernblieb.

Eine besonders unglückliche Neigung zur Anhängung eines «Außerdem»-Nachsatzes zeigen viele Eltern auch dann, wenn es um eine Bestrafung geht. Nehmen wir einmal an, das Kind hat sich gerade mit einem Spielfreund rabiat geprügelt und den Unterlegenen genußvoll durch eine matschige Regenpfütze gerollt. Seine erboste Mutter sagt nun vielleicht, streng, aber gerecht: «Wenn du *das* unter Spielen verstehst, dann bleibst du für den Rest des Tages wohl besser in deinem Zimmer!» Diese Maßnahme muß man akzeptieren. Auch das Kind tut dies im Grunde seines Herzens, aber natürlich geht es nicht heiteren Sinnes in sein Zimmer, sondern maulend und schlurfend. Worauf in der Mutter erneut eine Zorneswelle hochzüngelt, die ihr nunmehr zu sagen eingibt: «... außerdem wirst du drei Tage lang nicht fernsehen!»

Das ist wieder der Augenblick, in dem die logische Kette von Ursache und Wirkung, von Tat und Folge jäh abreißt und das Kind seine Wut über diese doppelte Bestrafung auf den Ausgangspunkt des ganzen Ärgers zurückleitet: auf die Prügelei nämlich. Ganz recht ist dem Freund geschehen, empfindet es jetzt in aller Klarheit; schade, daß keine Zeit mehr war, ihm auch noch die Ohren und die Haare mit Matsch zu verkleistern!

Auch hier also: der zarte erste Ansatz von Einsicht und Selbsterkenntnis ist wie weggeblasen. Wobei eine doppelte Bestrafung natürlich noch trotziger und uneinsichtiger macht als wahllos übereinandergetürmte Vorwürfe.

Und zu allem Unglück spüren die Kinder zumeist auch die elterliche Unsicherheit, die sich hinter den «Außerdem» noch nachgereichten Beschimpfungen und Bestrafungen verbirgt.

Eine Zehnjährige zum Beispiel, wegen irgendeiner Unbotmäßigkeit von ihrem Vater zunächst mit Taschengeldentzug und dann – außerdem – mit Ausgehverbot bedacht, dieses Kind sagte, als es merkte, daß der Vater noch mit einem weiteren «Außerdem» rang, ironisch beschwichtigend: «Ist ja gut, Papa, hast dir ja ein paar fabelhafte Strafen ausgedacht, brauchst dir keine Gedanken mehr zu machen!» So keß werden vermutlich nur wenige Kinder reden – aber denken, denken werden's vermutlich viele!

Und ärgerlicherweise haben die Kinder ja auch durchaus das richtige Gespür: Seit wir uns – Gott sei Dank und endlich – von der Erziehung zum «blinden Gehorsam» getrennt haben, seit wir unseren Kindern Raum geben zum Mitdenken und Mitentscheiden, hat sich zwangsläufig eine gewisse Unsicherheit in unser Erziehungsverhalten eingeschlichen. Wann immer wir jetzt Entscheidungen gegen die Wünsche des Kindes treffen, wann immer wir irgendwelche für das Kind unangenehme «Maßnahmen» ergreifen – gleich wird im Hinterkopf die Frage aufblitzen, ob das denn nun auch richtig war. Oder vielleicht doch ungerecht oder überflüssig oder allzu hart!?

Gegen diesen Mechanismus ist aber gar nichts einzuwenden, solange wir entschlossen sind, unsere Entscheidungen nur dann zu revidieren, wenn wir sie selbst als falsch oder übereilt erkannt haben; und nicht etwa nur deshalb, weil uns das Kind pausenlos den Nerv tötet und weil es uns schwerfällt, die vorübergehende Abkühlung des Familienklimas auszuhalten. Dann nämlich werden wir unglaubwürdig, und es hilft uns auch nicht weiter, wenn wir unsere Entscheidung mit einem zugefügten «Außerdem» abzumildern versuchen.

Nehmen wir mal folgendes Beispiel: Da hat sich ein vielleicht zwölfjähriges Kind über einen längeren Zeitraum hinweg beharrlich geweigert, der berufstätigen, alleinstehenden Mutter einen angemessenen Teil der Hausarbeit abzunehmen. «Wenn du dich weiter so unfair benimmst», hat die Mutter daraufhin gesagt, «dann werde ich wenig Lust haben, dich in den Urlaub mitzunehmen!» Das Kind hat diese Warnung in den Wind geschlagen und hat sich weiterhin – zur ständigen Enttäuschung der Mutter – uneinsichtig und rücksichtslos verhalten. Und dann naht die Stunde der Wahrheit. Die Mutter bestellt die geplante Pauschalreise und konsequenterweise nur einen Platz. Das Kind ist außer sich: «Wieso denn?? Was hab ich denn gemacht?!» Die Mutter erklärt sachlich und aufrichtig, daß sie sich dringend erholen müsse; von der Arbeit und von dem Kind, das derzeit so wenig nett, so schwer erträglich sei. Das Kind blickt betroffen; und obwohl die Mutter ihre Erziehungsmaßnahme wohl bedacht und mit Recht für gut befunden hat, wird sie unsicher. Ist sie jetzt nicht ihrerseits zu egoistisch? Eine Rabenmutter nahezu? Und schon sagt sie ganz mechanisch: «... außerdem hätte es dir in diesem einsamen Bergdorf sowieso nicht gefallen.» Und dahin, natürlich, ist der ganze Effekt! Nicht nur, daß die Wechselwirkung – häßliches Verhalten, kein gemeinsamer Urlaub – nicht mehr zwingend erscheint, sondern das Kind hat jetzt auch einen Punkt, an dem es den Hebel ansetzen kann: «Ich langweile mich bestimmt nicht», sagt es schnell, «ich wollte schon immer mal in ein ganz einsames Dorf!» Damit ist der Schwarze Peter wieder bei der Mutter, es gibt ein erregtes Hin- und Hergerede, und als das unerfreuliche Benehmen des Kindes von der Mutter erneut erwähnt wird, da wirkt es plötzlich nur noch wie eine Ausrede.

So wie ich es einmal wörtlich vor einer Eisbude vernahm: «Nein!» sagte da eine Mutter ganz energisch. «Erst deinen Bruder hauen und dann zur Belohnung noch ein Eis, wie?! Kommt überhaupt nicht in Frage!» Kleine Pause und dann: «... Außerdem hab ich gar kein Geld mehr.» Darauf das Kind mißbilligend: «Dann sag das doch gleich und denk dir nicht irgend 'ne Ausrede aus.»

Man sieht also, weit kommt man nicht, mit dem aus Ärger, Nervosität oder Unsicherheit angehängten «Außerdem». Genaugenommen könnte man es sich völlig sparen.

Wer angibt, hat's nötig!

Neulich traf ich, irgendwo in der Stadt, eine junge Frau wieder, die vor Jahren einmal neben uns wohnte, und wir begrüßten uns in spontaner Wiedersehensfreude. Gleich darauf aber verdüsterte sich das Gesicht meiner Exnachbarin, und sie sagte orakelhaft: «Ich wünschte, ich hätte Sie bei anderer Gelegenheit wiedergetroffen; jetzt wird er gleich wieder seine Schau abziehn!»

«Er», das war, wie seine Mutter gerade noch Zeit hatte zu erklären, der fünfjährige Ralf, den sie eben aus dem Kindergarten abholte – und da war er auch schon! Er lief munter auf uns zu, und als er merkte, daß ich offenbar eine Bekannte war, begrüßte er mich unbefangen und fragte im Tonfall eifriger Vertraulichkeit: «Soll ich dir mal zeigen, was ich kann?!» Seine Mutter und ich beantworteten diese Frage gleichzeitig, aber unterschiedlich. Ich sagte: «Na sicher, zeig mal!», und sie sagte: «Du läßt das jetzt *bitte* sein!» Es war nicht zu übersehen, daß meine Antwort mehr Gewicht hatte, denn schon drückte Ralf den Kopf in den Sand, die Arme gingen in Abstützposition, die Füße federten aufwärtsstrebend, und das Ganze vervollkommnete sich zu einem wackligen und entsprechend kurzlebigen Kopfstand. Während Ralf auf die Füße zurückplumpste und mich erwartungsvoll ansah, gab seine Mutter ein routiniert wirkendes Stöhnen von sich: «Ist das nicht fürchterlich?» Ich ließ die Frage auf sich beruhen und beantwortete statt dessen Ralfs Blicksignal: «Fabelhaft. Kannst du vielleicht noch so was Tolles?» Ralf strahlte. «Klar», sagte er, und nachdem er sich vergewissert hatte, daß genug Platz da war für die nächste Attraktion, setzte er zu einem nicht enden wollenden Radschlagen an. Da er sich bei dieser Darbietung außer Hörweite befand, benutzte ich die Gelegenheit, seine Mutter nach ihren beiden Töchtern zu fragen, an die ich mich erinnerte: «O ja, Mirjam und Ilona! Die haben sich mächtig herausgemacht. Wollen Sie mal sehen?» Ein Griff in die Handtasche, und schon hatte ich ein Dutzend Fotos in der Hand, auf denen zwei etwa acht- und zehnjährige Mädchen in weißen Rüschenblusen zu bewundern waren. Blondgelockt und großäugig hielten sie sich an den Händen und lächelten einnehmend. «Die beiden verstehen sich wohl gut?» fragte ich. «Ja, wunderbar!» bestätigte die Mutter und sah mit einem selbstvergessenen Lächeln vor sich hin; oder auch in sich hinein. «Mit den beiden haben wir gar keine Schwierigkeiten!» – «Sie vielleicht nicht», bemerkte ich, und es kann schon sein, daß es etwas überheblich klang, «aber Ihr Ralf bestimmt.» Und da ich aus der Ferne schon meinen Bus kommen sah, fügte ich nur noch schnell hinzu: «Machen Sie doch mal ein paar Fotos von allen Kindern zusammen, mit Ralf in der Mitte. Er ist ein so aufgewecktes hübsches Kind!» Dann verabschiedete ich mich schnell, rief Ralf, der gerade mit dem Radschlagen aufgehört hatte, noch ein kräftiges «Ganz toll war das!» zu, und entfernte mich mit dem unguten Gefühl eines Menschen, der ein Gespräch gerade an der Stelle abgebrochen hat, an der es vielleicht sinnvoll hätte werden können . . .

Es ist ja auch nicht ganz einfach, auf solch fröhliche, unbefangene Wichtigtuerei von Kindern zu reagieren. Auf Trotz, Widerstand und Frechheit sind Eltern allenfalls gefaßt; aber dieses unselige Bemühen, sich in den Mittelpunkt zu manövrieren durch Clownerien, Prahlereien und Demonstrationen von Tüchtigkeit! Dazu fällt den meisten nichts anderes ein als halbherzige oder ganz handfeste Abwehr. Je nachdem, wie toll es das Kind gerade treibt, wie andere Menschen darauf reagieren und wie peinlich die Eltern berührt sind, wird das Kind sanft gebremst: «Ja, sehr schön, und nun komm, wir haben jetzt keine Zeit» oder wütend angefahren: «Hör sofort auf mit den Faxen, es interessiert keinen Menschen, ob du genauso bellen kannst wie Hasso!»

Je nachdem, wie gut das Kind mit dem erlittenen Gesichtsverlust umgehen kann, wird es dem Bellen noch ein Miauen hinzufügen, dem Kopf- noch einen Handstand – was die Eltern in pädagogischen Zugzwang bringt –, oder es wird so unauffällig wie möglich den Rückzug antreten. Bis zum nächstenmal!

Bei alledem geht es, wie überall im Leben, auch auf diesem Tummelplatz kindlicher Selbstbehauptung höchst ungerecht zu. All jene Kinder nämlich, die bei ihrer «Angeberei» die leisen und verbalen Techniken bevorzugen, haben nicht entfernt soviel Ablehnung zu erwarten wie jene, die ihr ganzes Temperament und sämtliche Arme und Beine ins Treffen führen. Und wer da gar mit wichtiger Miene verkündet, daß er schon von zehn rückwärts zählen kann, oder wer beharrlich aber bescheiden das Angebot macht, «Hänschenklein» auf der Blockflöte vorzuspielen, der hat gute Chancen, das erhoffte Lob auch wirklich einzuheimsen. Erwachsene pflegen es zu honorieren, wenn das kindliche Bemühen sich in Richtung eines wie auch immer zu verstehenden Bildungszieles bewegt!

So hatten wir in unserer Nachbarschaft einmal ein Kind, das – nachdem es schon lange vor der Schulzeit seine Umgebung mit der penetranten Vorführung bruchstückhafter Lese- und Schreibkünste genervt hatte – am Ende des ersten Schuljahres folgenden denkwürdigen Ausspruch von sich gab: «Ich könnte in der Schule der Beste sein, wenn ich wollte; ich will aber gar nicht.» Die Eltern des Knaben hatten diese erstaunliche Eröffnung respektvoll zur Kenntnis genommen, so, als hätte ihnen gerade ein Politiker versichert, er werde, obwohl darum gebeten, nicht für das Bundespräsidentenamt kandidieren. Mein Mann dagegen hatte nur ganz barsch gesagt: «Das glaub ich nicht», woraufhin die gesamte Familie beleidigt aussah.

Was mich angeht, so halte ich es im Zweifelsfall auch mit dem radschlagenden Grimassenschneider; wenngleich natürlich *alle* Kinder, die sich so herzzerreißende Mühe geben, für die Größten gehalten zu werden, sich in Wahrheit «klein» fühlen; klein, verkannt, zurückgesetzt. Was sie dazu gebracht hat, sich so zu fühlen, das sollte man schon herausfinden.

Vielleicht haben die Eltern gar nicht bemerkt, daß sie sich angewöhnt haben, beim Nachhausekommen dieses eine ihrer Kinder immer als letztes zu begrüßen, ihm am flüchtigsten zuzuhören oder es am seltensten auf den Schoß zu nehmen? So was soll vorkommen. Und eins scheint mir jedenfalls sicher: wer keine Hilfe bekommt, das Problem einer vernünftigen Selbsteinschätzung noch in der Kindheit zu lösen, der wird es mit hinübernehmen in sein erwachsenes Leben. Und da haben wir sie dann wieder vor uns, diese Leute, die immer den Mund zu voll nehmen, die ständig nur von sich selber reden und die im Urlaub nur deshalb nach Hawaii fahren, weil sich dort sensationellere Fotos herstellen lassen als in der Lüneburger Heide! Wir kennen sie alle und mögen sie selten, und, mein Gott, das alles vielleicht bloß, weil man sie als Kinder nicht richtig ernstgenommen hat!

Unsere Tochter hatte mal eine Zeit, in der sie sich von morgens bis abends im Seilspringen trainierte. Nun ist Seilspringen ja eine gesunde Sache und von daher wenig dagegen zu sagen, nur versuchte Gaby ihre Leistungen zu steigern, indem sie jeden Hüpfer zählte, und von ihrer Umgebung – was heißt «Umgebung», das war einfach immer ich! – erwartete, daß mitgezählt wurde; damit es hinterher keine Zweifel an dem imponierenden Ergebnis geben konnte. Meine Begeisterung, bei allem, was ich gerade tat, im Hüpfrhythmus meiner Tochter laut mitzuzählen – immer wieder bei «1» anfangend –, muß rapide nachgelassen haben; denn ich erinnere mich, daß ich eines Tages so etwas sagte, wie: «Nun geh mir doch endlich mit diesem dämlichen Seil aus dem Weg und hüpf sonstwo! Ich werde dir schon glauben, wenn du den

Weltrekord gebrochen hast!» Thomas hatte meine Ausführungen noch mit einem brüderlichen «Genau! Du gibst wirklich schaurig an mit deinem Gehopse» unterstrichen, und Gaby hatte wortlos das Zimmer verlassen.

Ich muß sie auf die Geschichte unbedingt ansprechen – vielleicht läßt sich da noch was ausbügeln ...

Der gute Verlierer

Aus gegebenem Anlaß bekommen Kinder immer wieder zu hören, daß sie «gute Verlierer» sein müssen. «Man muß auch verlieren können!» sagt etwa der Vater streng und vorwurfsvoll, wenn sein Sohn nur noch lustlos und unaufmerksam seine Mühle-Steine hin- und herbewegt, nachdem die Spielsituation für ihn hoffnungslos geworden ist; und wenn das Töchterchen, das zum drittenmal auf dem Schwarzen Peter sitzenblieb, sämtliche Karten mit einem Wutschrei vom Tisch fegt, dann sehen sich die Eltern gar zu drastischen Erziehungsmaßnahmen veranlaßt: bevor nicht auch die letzte Karte unter dem Sofa hervorgeangelt wurde – im Alleingang, versteht sich –, redet niemand ein Wort mit dem unbeherrschten Kind. Das wäre ja noch schöner – schließlich ist doch alles nur Spiel!

«Nur Spiel» ist es nach Ansicht vieler Eltern auch, wenn Geschwister oder Freunde körperlich ihre Kräfte aneinander messen und schließlich einer der Kontrahenten in der vorgeschriebenen Verliererpose auf dem Rücken liegt. Die Schultern fest an den Boden gepreßt, über sich das triumphierende, schwitzend gerötete Gesicht des Siegers. Der so nach allen Regeln der Kunst Besiegte hat nach allgemeiner Auffassung gelassen aufzustehen, sich möglichst unauffällig die blauen Flecken zu reiben und seinem Überwinder gegebenenfalls, wie immer, bei den Schularbeiten zu helfen. Tut er dergleichen nicht, sondern versetzt er statt dessen dem Gegner schnell und regelwidrig noch einen Tritt vors Schienenbein, kann er sich auf was gefaßt machen! So benimmt man sich nicht. Jeder muß Niederlagen einstecken können. Und immer wieder der Hinweis: Es war doch nur ein Spiel!

Um das gleich vorwegzunehmen: ein Kind damit trösten

zu wollen, daß ein Mißerfolg sich ja nur im Spiel ereignet habe, ist natürlich sinnlos. Zum ersten wissen wir ja, daß für Kinder jede freiwillige Betätigung «Spiel» ist, und zum anderen betreiben Kinder auch das Spielen mit großem Ernst. Alles, was sie tun, ist ihnen wichtig. Und schließlich: genügt die Einsicht, daß es sich nur um Spiel handelt, denn wirklich, um ein guter, sprich sanftmütiger Verlierer zu sein? Jeder auch nur flüchtige Beobachter der internationalen Fußballszene muß es besser wissen. Ganz zu schweigen von den ungezählten Gesten der Wut und Verzweiflung, die wir – zumeist durchaus mitfühlend – bei Olympiaverlierern sehen konnten. So einfach ist die Sache mit dem guten Verlieren denn wohl doch nicht – wie auch die folgende Geschichte unterstreicht.

Da spielten zwei kleine Jungen ein Mini-Fußballspiel in einer wenig befahrenen Einbahnstraße. Nachdem der Ball gerade durch ein mit Kreide aufgemaltes Tor gerollt war, rief der Schütze: «10 zu 4! Ich habe gewonnen!» Worauf der Gegenspieler laut aufbrüllte, dem lachend davonlaufenden Sieger eine Serie gezielter Schimpfworte nachrief und in einer Art symbolischer Selbstverstümmelung mit den Füßen heftig gegen die Bordsteinkante trat. Ein vorübergehender Mann suchte den wutschnaubenden Knaben zu besänftigen: «Aber, aber», sagte er, «wer wird denn so furchtbar wütend sein? Mal verliert man, mal gewinnt man, so ist das nun mal!» – «Aber ich verliere ja *immer*!» schrie darauf der Junge dem Friedensstifter gänzlich unbesänftigt entgegen. Der Mann stutzte. «Immer?» fragte er zurück. «Jawohl, immer!» bekräftigte der Junge. Der Mann überlegte eine Sekunde, dann sagte er: «Wenn das so ist, dann hast du völlig recht. Dann schimpf mal ruhig weiter!»

Sehr richtig hat dieser Mann erkannt: gelassen verlieren kann nur der, der auch schon gewonnen hat. Erfolg und Mißerfolg müssen bei jedem Menschen in einem erträglich ausgewogenen Verhältnis stehen, wenn das Selbstbewußtsein nicht leiden soll. Und ohne Selbstbewußtsein gibt es kein gleichmütiges Verlieren.

Nun geschieht es in der eigenen Familie aber oft, daß jüngere, schwächere oder ganz einfach ungeschicktere Kinder keine Chance haben, sich neben ihren Geschwistern zu behaupten. Sie suchen dann instinktiv nach Erfolgen außerhalb der Familie, schließen sich jüngeren Freunden an oder pflegen die Kontakte zu Erwachsenen. Ich selbst entsinne mich noch gut an die Zeit, in der Thomas mit größter Ungeduld den Wochenendbesuch seiner Großmutter erwartete. Sie konnte so großartig mit ihm spielen, weil sie so überzeugend zu verlieren verstand! Gegen die große Schwester konnte Thomas damals noch nichts ausrichten und seine eigenen Eltern waren meistens nicht aufmerksam genug, um zu bemerken, daß sie ständig ihre Überlegenheit demonstrierten. Der Oma passierte das nicht.

Nun kann natürlich nicht jedermann auf eine Wochenendoma zurückgreifen, und auch nicht jeder ist wild darauf, seine karge Freizeit mit «Fang den Hut»-Spielen auszufüllen. Aber das ist auch gar nicht nötig. Man braucht statt dessen nur mal darauf zu achten, was einem das Kind an besonderen Fertigkeiten so anbietet. Im Zweifelsfall kann es bestimmt schneller Kobolzschießen als sein Vater und einen originelleren Fisch malen als seine Mutter!

Aber auch viel ausgefallenere Begabungen können zum Zuge kommen. So sicherte sich meine Cousine Lucie ein zuverlässiges Erfolgserlebnis dadurch, daß sie immer die spannendsten Träume zu erzählen hatte. Ansonsten hatte sie in der Geschwisterrunde nicht viel zu melden. Die Brüder waren stärker, die Schwestern hatten bessere Zeugnisse – aber träumen, träumen konnte niemand so aufregend und geheimnisvoll wie Lucie!

Sollte Ihr Kind Ihnen also eines Tages vorführen, was es für scheußliche Grimassen schneiden kann, wie es mit den Fingern knackt oder wie täuschend ähnlich es einen Kukkucksruf nachahmt – erkennen Sie solche konkurrenzlosen Begabungen bitte staunend und neiderfüllt an!

Es könnte gut sein, daß das Kind gerade Erfolgspunkte sammelt, um sich seelisch fit zu machen für die nächste unvermeidliche Niederlage.

Mit Hobbys leben

Im Prinzip wird man es natürlich sehr begrüßen, wenn Sohn oder Tochter sich ein Hobby zulegen. Schließlich hat man jahrelang Nerven, Zeit und Geld investiert, um die Kinder zu beschäftigen und bei guter Laune zu halten, und wer nicht gerade einen Garten vor der Tür oder den Wald hinter dem Haus hat, der weiß, was er getan hat: Vorgelesen und gesungen hat er, geklebt, gemalt und geknetet, die Regale mit Puppen, Stofftieren und Spielen gefüllt, und immer wieder stand das Kind vor einem und sagte – leidend, quengelnd oder auch ganz bescheiden: «Ich weiß nicht, was ich machen soll!»

Nun aber hat es sich ein Hobby zugelegt, eine Dauerbeschäftigung, eine zuverlässige Neigung, und alle Not hat ein Ende!

Manche Eltern begeistert diese Aussicht derart, daß sie schon die ersten Anzeichen eines eventuellen Hobby-Interesses überschwenglich unterstützen. Kaum hat Peter, der sonst so unruhige, zwei Nachmittage still damit verbracht, weggeworfene Briefumschläge aus dem Papierkorb zu fischen, die darauf befindlichen Briefmarken abzupulen und sie kreuz und quer in ein leeres Schulheft zu kleben – schon überraschen ihn die Eltern mit einem dicken Album, ein paar hundert gemischten Briefmarken in Tüten sowie einer Spezialpinzette und Lupe. Aber da argwöhnt das Kind sofort, daß es auf Beständigkeit festgelegt werden soll, wo es doch nur einer Laune nachging; daß man Gründlichkeit und Systematik von ihm erwartet, wo es doch nur ein bißchen vor sich hinspielen wollte – und schon machen ihm die ganzen Marken keinen Spaß mehr!

Das hätte vielleicht gar nicht so enden müssen; Hobbys brauchen einfach Zeit, um von ihrem Opfer nachhaltig Besitz zu ergreifen.

Überdies kann die wohlgemeinte elterliche Hilfe von den Kindern auch ganz falsch verstanden werden – als Kritik am bisher Geleisteten nämlich. Der zehnjährige Uwe zum Beispiel, der sich aus einer alten Kiste, mit Hilfe von dünner Strippe und Nägeln, einen Webrahmen gebastelt und schon so allerlei damit gefertigt hatte, der war tief beleidigt, als man ihm einen «richtigen» Webrahmen schenkte. «Hat euch also alles nicht gefallen, was ich gemacht habe, wie?» konstatierte er düster und gab es ein für allemal auf, die Wollreste seiner Mutter künstlerisch zu verwerten.

Wer dergleichen schon erlebt hat, wird sich also hüten, aufkeimende Interessen der Kinder vorzeitig zu zementieren und am Weiterwachsen zu hindern. Und überhaupt empfiehlt es sich, ein Weilchen abzuwarten; denn auch die vielversprechendsten Ansätze zu schöpferischem Tun können sich über Nacht wieder ins Nichts und ins Nichtstun verflüchtigen.

Auf der anderen Seite können bescheiden und harmlos wirkende Anfänge zu unübersehbaren Konsequenzen für die ganze Familie führen.

Besondere Wachsamkeit empfiehlt sich vor allem, wenn das «Hobby» der Tierhaltung entdeckt wird. Da auch die meisten Erwachsenen anfällig sind für den Charme jeglichen Jungtieres, kann es vor dem Schaufenster eines Tiergeschäfts leicht zu spontanen Entschlüssen kommen. Zumal der Augenblick, in dem man das erregt zappelnde Kind bei der Hand nimmt und mit einem «Na, dann meinetwegen» das Geschäft betritt, einen absoluten Höhepunkt in der Eltern-Kind-Beziehung darstellt! Nie fühlt sich das Kind so tief verstanden und so reich beschenkt, als wenn es mit dem Hamster im Pappkarton oder dem Meerschweinchen in der Heutüte nach Hause eilt!

Auch in den folgenden Tagen wird man befriedigt feststellen können, daß man gut daran tat, dem Kind diesen Herzenswunsch zu erfüllen: unermüdlich pflegt und beobachtet es den neuen Hausgenossen, und jedes Familienmitglied muß auf Anruf herbeistürzen, um zu sehen, wie süß Puppi oder Purzel an der Troddel des alten Kissens nuckelt.

Dennoch muß man auf zweierlei gefaßt sein: Entweder nämlich wird das Kind nach einiger Zeit der Tierpflege überdrüssig und bekennt unumwunden, daß, genau besehen, Hamster und Meerschweinchen, Maus oder Fisch ziemlich langweilig sind. Sie lernen einfach nichts dazu und schlafen immer zur falschen Zeit. Und unentwegt soll man bei ihnen saubermachen!

Tja, was nun? Will man das verschmähte Tierchen nicht in eigene Regie übernehmen, sollte man sich nach einem etwas reiferen Zweitbesitzer umsehen. Ein Appell an die Verantwortung, ein striktes «Du hast es haben wollen, und jetzt wirst du dich gefälligst auch drum kümmern!» mag pädagogischer sein, dient aber sicher nicht dem Wohlergehen des Tieres. Und das halte ich für vordringlicher!

Auf der anderen Seite kann es passieren, daß das erste erworbene Lebewesen in dem Kind eine allumfassende Liebe zur Kreatur entfacht hat, und dann muß man sich auf Weiterungen gefaßt machen. Was mit einem winzigen Fischpärchen in einem großen Gurkenglas beginnt, endet nicht selten mit einem 2000-Mark-Aquarium, zu dessen optimaler Wirkung eigens eine Zimmerwand durchbrochen werden muß; und was mit einer weißen Maus begann – einer Maus, die, so jung sie auch wirkte, schon im Begriff stand, Mutter zu werden –, kann sich zu einer ganzen Mäusestadt in der so dringend anderweitig benötigten Kammer entwickeln!

Der Sohn einer Nachbarin hatte vor zwei Jahren ein paar kleine Eidechsen aus dem Urlaub mitgebracht und ihnen eine neue Heimat in einer alten Waschschüssel verschafft. Neulich sah ich seine Mutter besorgt aus dem Fenster ihres kleinen Reihenhauses auf den gegenüber tätigen Schornsteinfeger blicken: «Du liebe Zeit, haben wir etwa einen neuen Schornsteinfeger??» Bevor ich mich noch fragen konnte, wie man denn auf einen bestimmten Schornsteinfeger derart fixiert sein könne, bekam ich schon die Erklärung: «Mit dem andern hatten wir uns schon arrangiert! Bernd hält doch auf dem Dachboden seine Echsen und Schlangen, und das sollte die Verwaltung besser nicht erfahren!» – «Und was sagen Ihre Nachbarn dazu?» fragte ich. «Oh, die wissen das», sagte die Mutter unbekümmert, «die haben einen Sohn, der spielt Schlagzeug. Die beneiden uns um die Schlangen!»

Über die Folgen eines Schlagzeug-Kaufes wird sich nun allerdings jeder Mensch im klaren sein. Daher weigerte sich unsere Freundin Rita seinerzeit auch ganz entschieden, ihrem musikbegeisterten Sohn ein derartiges Instrument zu schenken. Statt dessen kaufte sie ihm eine Gitarre, und ich habe es noch im Ohr, wie sie leicht verträumt zu mir sagte: «Ich liebe es, wenn jemand diese sanften Lieder zur Gitarre singt. Vielleicht kann er das mal ...» Heute beherbergt sie zweimal in der Woche eine sechsköpfige Band in ihrem Keller, die mit Hilfe aufwendiger Verstärkeranlagen die Tassen im Schrank klirren läßt. Was Rita nicht hindert, mit Getränken und belegten Broten zur Erhaltung der Lebenskraft der Musiker beizutragen. Befragt, wie sie das nur aushalte, sagt Rita nur schlicht: «Das ist kein Problem, ich mag diese Musik.» Dazu muß man sagen, daß Ritas musikalisches Verständnis für den Spezialsound dieser Gruppe weder über Nacht entstand noch auf eine kritiklose Bewunderung des Sohnes zurückzuführen ist. Vielmehr hat sie Jahr um Jahr die Entwicklung ihres Kindes mit Anteilnahme verfolgt und hat viele Stunden damit verbracht, Schallplatten fremder und Tonbänder eigener Produktion anzuhören. Mit der Zeit hat sie ein sicheres Gefühl für die Qualität dessen bekommen, was in den durchaus nicht schalldichten Kellerräumen hervorgebracht wird, und die Fortschritte der Gruppe interessieren sie wirklich.

Und was bleibt einem auch anderes übrig, als sich sachkundig zu machen auf dem Gebiet, auf dem die Kinder jeden Tag besser Bescheid wissen?!

Wenn die Wand über dem Kinderbett langsam bis zur Dekke rauf mit farbprächtigen Bildern von Männern mit kräftigen Waden zuwächst, mag man das noch als vorübergehende Phase ansehen. Aber spätestens an dem Tag, an dem eine Geburtstagsparty verschoben werden muß, weil sie sich mit der Übertragung eines Europapokalspiels überschneidet, sollten Eltern sich für den Namen des Mittelstürmers der deutschen Nationalmannschaft interessieren und gegebenenfalls im Lexikon nachschlagen, was man unter einem Elfmeter versteht. Tun sie das nicht, werden sie fürderhin viele Stunden in Protest oder Selbstmitleid verbringen müssen, denn auch ohne ihre Anteilnahme werden gelungene oder vereitelte Torschüsse Thema Nr. 1 beim Mittagessen sein.

Glücklicherweise kommt meistens, so wie mit dem Essen der Appetit, mit zunehmender Sachkenntnis auch das Interesse. Zum Beispiel haben wir einen Freund, der bislang jede Aufforderung seiner Frau, sie in den Botanischen Garten zu begleiten, mit Bemerkungen wie: «Ja doch, ich weiß es ja, daß da mal wieder alles grünt und blüht ...» abgelehnt hatte. Neulich nun rief er mich eigens vom Büro aus an, um mir mitzuteilen, daß ich unbedingt noch am gleichen Tag vorbeikommen müsse, die Opuntia ficus indica blühe nämlich! «Was blüht?» fragte ich verständnislos zurück. «Na, der Feigenkaktus, den ich Monika zum Geburtstag schenken will!» Unnötig, zu erwähnen, daß Monika seine Tochter ist und die Kakteenzucht zum Hobby erkoren hat. Monika allerdings übertreibt ihr Hobby auch nicht; wie ihr Vater mehrfach anerkennend versicherte. Bei ihr bleibe alles in erträglichen Grenzen. Die Schwester dagegen mit ihrer Steinsammlung, das sei wirklich fürchterlich! Kein Spaziergang ohne eine pfundschwere Ausbeute. Von Urlauben ganz zu schweigen, da sei man immer einem Achsenbruch nahe!

Wo immer etwas übertrieben wird, verliert es natürlich allen Charme. Maßloses erfreut nicht mehr. Nur, an welchem

Punkt überschreitet das Hobby die zulässige Toleranzgrenze, wo hört das «Normale» auf und fängt der Exzeß an?? Gesetzt den Fall, jemand sammelt Streichholzschachteln. Bei welcher Stückzahl wird die Sache ärgerlich? Bei 500, 1000, 5000? Wieviel Stunden darf ein Fotoamateur in der Dunkelkammer verbringen, und wie oft darf die Lieblingsplatte des Jazzfans aufgelegt werden, bevor ihm bescheinigt wird, das sei ja schon «krankhaft». Es läßt sich nicht sagen. Sicher ist nur, daß jeder besonderen Leistung «Übertreibungen» voranzugehen pflegen – wenngleich, zugegeben, die meisten Übertreibungen, denen wir seitens unserer Kinder ausgesetzt sind, weniger oft zu Hochleistungen als zu häuslichem Chaos führen werden.

Gabys Freundin Lilli, durch Erbschaft in den Besitz einer Töpferscheibe gekommen, hatte sich ihr Zimmer binnen kurzem in eine Werkstatt umfunktioniert. Jede waagerechte Fläche war mit Tonklumpen verschiedener Feuchtigkeits- und Bearbeitungsgrade bedeckt, und es roch wie in einer Erdhöhle. Die fertigen Produkte standen überall auf dem Boden, und das Bett war nur mit gezielten Sprüngen von einer kleinen Freifläche zur anderen zu erreichen.

«Sagen Sie mal», hatte ein etwas irritierter Besucher eines Tages zu Lillis Vater gesagt, «finden Sie das nicht ein bißchen übertrieben?» Worauf der Vater geantwortet hatte: «*Wir* schon, aber Lilli nicht.»

Was mir denn auch der einzige Blickwinkel zu sein scheint, von dem aus man das Hobby seiner Kinder in Frieden betrachten kann.

Die Kunst des Schweigens

Unlängst saßen wir mit Freunden und Bekannten zusammen und hatten eine nette, anregende Unterhaltung über allerlei Dinge, die mit Kindererziehung nicht das geringste zu tun haben. Da kam der dreizehnjährige Sohn des Hauses herein, musterte seine Mutter mit dem ernsten Blick eines Menschen, der sich über die Schwierigkeiten des Lebens voll im klaren ist, und sagte: «Ich muß unbedingt noch was mit dir besprechen. Kannst du nachher noch in mein Zimmer kommen?» Unsere Freundin zeigte sich nicht sonderlich begeistert, schließlich habe sie ja Besuch, wie er sehe, aber der Junge wich und wankte nicht, bevor er eine verbindliche Gesprächszusage hatte. «Kompliment», bemerkte da ein junger Vater anerkennend, «Sie haben es geschafft, mit Ihren Kindern im Gespräch zu bleiben!» Und schon wurde wieder über Erziehung geredet und über das Problem, allzeit der erste und wichtigste «Ansprechpartner» seiner Kinder zu sein. «Ach wissen Sie», ließ sich die gerade gelobte Mutter da vernehmen, «mit dem Reden hab ich eigentlich nie Schwierigkeiten gehabt – aber im richtigen Moment den Mund zu halten, das fällt mir wahnsinnig schwer!» Ein Beispiel? Ach, da gäbe es unzählige ... gerade neulich, die Claudia ...

Mit ungewohntem Zeitaufwand hatte sich, wie uns erzählt wurde, die Zwölfjährige morgens für die Schule fertig gemacht, und das Resultat war denn auch entsprechend umwerfend: langschäftige, warme Stiefel zu dünnem, geblümtem Sommerrock und dazu eine ausrangierte Abendbluse der älteren Schwester. Darüber einen langen Regenmantel des Bruders und zu alldem viel rosa Farbe auf Lippen und Gesicht. Die Haare waren mit vielen Kämmen hochgesteckt worden. «Na, weißt du», sagte die Mutter mit gebremstem

Entsetzen, als sie dieses Aufzugs ansichtig wurde, und riet der Tochter dringend ab, so zur Schule zu gehen. Die andern würden sie garantiert nur aufziehen und dumme Sprüche machen. Aber: «Du willst mir bloß wieder alles verderben», sagte das Kind und verließ ohne Frühstück das Haus.

Als Claudia mittags zurückkam, hatte sie statt der eleganten Bluse nur noch ihr Turnhemd an, die Haare fielen ihr wie üblich über die Schulter, und vom Lippenstift sah man schon deshalb nichts mehr, weil Claudia den Mund fest zusammengekniffen hatte. Stumm warf sie ihre Mappe auf den Stuhl und lief schnurstracks ins Badezimmer, wo sie viel kaltes Wasser über ihr Gesicht laufen ließ. «Und da», schloß unsere Freundin ihren Bericht ab, «da habe ich nichts weiter gesagt, als: ‹Beeil dich Kind, es gibt Hefeklöße!› War das nicht eine fabelhafte Leistung??» Wir alle bestätigten es.

Eltern werden immer versuchen, ihre Kinder vor Enttäuschungen, Blamagen und Mißerfolgen zu bewahren. Das ist klar. Aber ebenso klar ist es, daß Kinder die guten Ratschläge immer wieder in den Wind schlagen werden, weil sie unbekümmerter und optimistischer an die Dinge herangehen, weil sie ihre eigenen Grenzen noch nicht einschätzen können, weil sie experimentierfreudig sind und vor allem natürlich: weil ihnen die einschlägigen Erfahrungen fehlen.

Ich erinnere mich noch an den Tag, an dem Thomas, knapp elf Jahre alt, verkündete, daß er sich ein Hochbett bauen wolle. Da seien doch noch irgendwo so lange Nägel gewesen? – «Was denn?» hatte mein Mann entgeistert gefragt, «du willst jetzt sofort anfangen, ohne Plan und ohne Zeichnung?!» – «Klar, was sonst?» hatte unser Sohn mit unüberbietbarer Lässigkeit gesagt; er wisse schon, wie, und im Keller seien doch jede Menge Latten und alte Schranktüren und alles, wozu würden wir das schließlich immer aufheben? Beschwörende Hinweise darauf, daß ein schlampig gebautes Hochbett bei der ersten Benutzung zusammenbrechen müsse, fruchteten gar nichts. Wir waren einem Verbot sehr nahe, aber dann sagten wir nur: «Bitte, wenn du nicht hören willst ... du wirst schon sehen, daß es so nicht geht!» Eine halbe Stunde später erzitterte die Wohnung unter dröhnenden Hammerschlägen, die nur kurz unterbrochen wurden von hastigen, kurzlebigen Sägegeräuschen. Nach einer Stunde etwa wurden die Arbeitsgeräusche träger und die Pausen länger, dann hörten wir Thomas mehrmals die Treppe rauf- und runterlaufen, noch ein paar letzte Hammerschläge – und dann war Ruhe. Auch wir schwiegen und verkniffen uns heldenhaft jeden Kommentar. Beim Abendessen bemerkte Thomas dann beiläufig, daß ihm doch noch ein paar Teile gefehlt hätten. Er überlege auch noch wegen der endgültigen Höhe, er werde das mal aufzeichnen und uns dann zeigen. Wir nickten dann nur ganz beiläufig – und so hatten wir uns gegenseitig nichts übelzunehmen.

Allerdings müßte ich lügen, wenn ich behaupten wollte, daß ich schon immer und von allem Anfang an darauf geachtet hätte, einen Mißerfolg der Kinder nicht noch schlimmer zu machen durch den Hinweis auf meine prophetischen Voraussagen. Da war zum Beispiel die Sache mit Gabys Vokabelarbeit ...

Die Englischlehrerin hatte eines Tages eine Liste mit fast zweihundert Vokabeln verteilt, die während der nächsten drei Wochen gelernt werden sollten. Dann werde eine Arbeit geschrieben. Gaby hatte sich die Liste geringschätzig angesehen und sie dann in der ersten besten Schublade verschwinden lassen: «Die lern ich erst kurz vor der Arbeit, dann behalte ich sie am besten.» – «So schnell kannst du die vielen Wörter nie im Leben behalten, mach dir nichts vor!» hatte ich eingewendet, aber Gaby ließ sich nicht beirren. In regelmäßigen Abständen bot ich dann noch meine Hilfe beim Abhören der Vokabeln an, wurde aber ebenso regelmäßig zurückgewiesen: «Nun laß mich doch machen, wie ich es will!» Na bitte. Exakt am Abend vor der Arbeit begann Gaby die bewußte Liste erst mal zu suchen, fand sie schließlich und zog sich mit ihr ins Bett zurück. Das Frühstück am anderen Morgen verlief wortkarg – und beim Mittagessen war Gabys Stimmung vollends auf dem Nullpunkt angelangt. «Na, wie ging's denn nun?» erkundigte ich mich da ohne jedes Zartgefühl. «Du hattest ja immerhin noch die ganze Nacht für die paar lächerlichen Vokabeln, oder?» Gaby sah mich finster an. «Ich will dir mal was sagen», erklärte sie dann wütend, «wenn ich so alt bin wie du, dann weiß ich auch alles besser. Da brauchst du dir gar nichts drauf einzubilden!» Ich weiß nicht mehr, was ich damals geantwortet habe. Wahrscheinlich habe ich mir erst mal «diesen Ton» verbeten und dann auf Gabys eigene Schul- und Lernerfahrung hingewiesen, die in diesem Fall hätte ausreichen müssen, die Sache schlauer anzufangen. Immerhin aber wurde mir deutlich, wie depremierend es für ein Kind sein muß, wenn wir seine Niederlagen auch noch mit unserem «Na bitte, ich hab dir's ja gleich gesagt» krönen.

Und was heißt überhaupt «für ein Kind»?? Ich möchte wissen, was ein Erwachsener täte, der gerade mit der niederdrückenden Nachricht nach Haus kommt, daß er seinen Job verloren hat – und dann sagt sein Partner mit kurzem Auflachen: «Ich hab dir gleich gesagt, das wird nicht lang gutgehen mit deinem ewigen Zuspätkommen!»

Zu allem Überfluß gibt es nun auch noch Situationen – da geht es nicht mal darum, über eine vorhergesagte und prompt eingetretene Panne taktvoll hinwegzugehen, da muß das Stillschweigen schon einsetzen, *bevor* sich das Kind in das mißerfolgsträchtige Unternehmen hineinstürzt. So hat es beispielsweise nicht den geringsten Sinn, dem Schulanfänger, der einem glückstrahlend erzählt, er habe einen Freund fürs Leben gefunden, mit dem er sich nie zanken und von dem er sich nie mehr trennen werde, Zweifel ins Herz zu senken. Auch wenn wir der sicheren Enttäuschung gern ein wenig vorbeugen würden – es hat wirklich keinen Zweck. Einem Menschen klarzumachen, daß er sich in seinen eigenen Gefühlen täuscht – oder in dem Adressaten für diese Gefühle –, das ist schon unter Erwachsenen ein ziemlich aussichtsloses Unternehmen. Vielleicht auch ein unstatthaftes. Jedenfalls – man kann jemandem vielleicht eine Reise ausreden oder die Beteiligung an einem Wettbewerb –, und ein Kind mag schließlich einsehen, daß es nach zehn Flötenstunden wenig Aussicht hat, ins Schulorchester aufgenommen zu werden; aber eine Fehlentscheidung zu verhindern, die auf einem starken Gefühl zu einem anderen Menschen beruht, das wird kaum je gelingen. Wenn der erwachsene Mensch gelegentlich seinen eigenen Gefühlen mißtraut, dann tut er das auf Grund vorausgegangener Erfahrungen, und das ist dann allemal eine Sache des Kopfes und nicht des Herzens. Das Kind mißtraut seinen Gefühlen nie.

Als Thomas vor Jahren einen neuen Klassenlehrer bekam, war er auf Anhieb so hingerissen, daß er sich zu kühnsten Mutmaßungen verstieg: «Das ist ein so toller Typ – da schreib ich jetzt nur noch Einsen!» Wozu hätten wir diese Begeisterung abkühlen sollen? Mit dem Hinweis etwa, daß der Schulalltag eine sehr ungünstige Kulisse für tolle Typen ist und daß Einsen nicht allein durch frohe Zustimmung im Unterricht entstehen? Die Korrektur dieser euphorischen Einschätzung seiner künftigen Schullaufbahn kam dann für Thomas so nach und nach und schien nicht besonders schmerzhaft zu sein.

Auch als die fünfzehnjährige Gaby uns mitteilte, daß der fast zehn Jahre ältere Bruder ihrer Freundin sich den ganzen Nachmittag mit ihr unterhalten habe und daß er sie bestimmt einladen werde, im Sommer mit nach Finnland zu fahren, sagten wir gar nichts. Der Sommer war noch weit, und die nächste Begegnung mit eigenen oder fremden Gefühlen vielleicht schon ganz nahe. In der Tat tauchte dieser Bruder nur noch wenige Male in Gabys Berichten auf; dann hörten wir nichts mehr von ihm, und Gaby verbrachte einen höchst vergnüglichen Sommerurlaub mit uns im Fichtelgebirge.

Rund um das Fernsehen

Eins hat mich schon von jeher gewundert: Wann immer jenes mattbläuliche Licht aus einer sonst dunklen Wohnung ungleichmäßig herausflimmert, fühlen sich Vorübergehende zu abfälligen Bemerkungen veranlaßt: «Guck dir an, da sitzen sie schon wieder vor der Glotze!» Nie scheint jemand anzunehmen, daß sich in diesem unbekannten Zimmer ein paar interessierte Menschen zusammengefunden haben, um einen Dokumentarbericht aus Südafrika anzusehen; sondern jeder geht offenbar davon aus, daß sich da wieder mal eine Familie von einer platten Bauernkomödie erheitern oder von einem primitiven Krimi aufheizen läßt, anstatt mit den Kindern Quartett zu spielen, oder wenigstens einen Schrank neu zu streichen oder die Briefmarken zu sortieren.

Manchmal habe ich den Verdacht, daß mit solcher Pauschalkritik das eigene schlechte Gewissen beschwichtigt werden soll, das just eben an das eigene planlose Herumspielen an den Programmknöpfen erinnert. Zum Schaden der mitbetroffenen Kinder. Natürlich können unsere Kinder durch das Fernsehen Schaden nehmen; ebenso wie – sagen wir, durchs Lesen. Oder meinen Sie nicht, daß Kinder auch durch pausenloses Verschlingen von verlogenen, brutal-heroischen Schmökerheften erheblich geschädigt werden können? Na bitte.

Kurz, ich denke einfach, daß es möglich sein muß, die Vorteile des Fernsehens zu nutzen, ohne die Nachteile, die potentiell in dieser Erfindung stecken, in Kauf nehmen zu müssen.

Beginnen wir doch gleich einmal mit dem häufigsten Einwand gegen die «Röhre», der da lautet: Kinder – die ja immer alles übertreiben müssen! – sehen einfach zu *viel* fern. Hocken stundenlang vor dem Kasten und werden auf diese Weise von Akteuren (die sie sein sollten) zu Konsumenten (die sie noch nicht zu sein haben).

Dazu wäre zu bemerken, daß kleine Kinder, bis ins erste Schulalter hinein, überhaupt niemals allein fernsehen sollten; und mit dieser Auflage dürfte sich die Sorge, daß sie zu viel sehen könnten, von selbst erübrigen. Die Bereitschaft der Eltern, ihre kostbaren Mußestunden für das Betrachten von Puppen- und Tiertrickfilmen zur Verfügung zu stellen, wird ihre gesunden und natürlichen Grenzen haben.

Sicher, je älter die Kinder werden, desto öfter sehen sie auch mal eine Sendung allein; aber auch daraus läßt sich etwas machen: Jetzt nämlich kann man sich die Geschichte vom Kind erzählen lassen. Gutes Nacherzählen ist schwer und kann gar nicht oft genug geübt werden. Da ist Wesentliches von Unwesentlichem zu trennen, in der Reihenfolge darf man sich nicht verheddern («... und da ist er dann hintergeritten – ach nein, da hatte er ja das Pferd noch gar nicht ...») und anschaulich und nett formuliert soll das Ganze auch sein. Darüber hinaus zwingt jede Inhaltswiedergabe zum Nachdenken und Überprüfen spontaner Reaktionen. Schaffen die Kinder das noch nicht allein, müssen Eltern eben ein bißchen nachhelfen und sich ganz genau erklären lassen, warum «die blöde Tante» eigentlich blöd war. Möglicherweise muß das Kind nach erfolglosem Begründungsversuch zugeben: «Na ja, schön. So blöd war sie vielleicht gar nicht ...»

Mit der Zeit könnten die Kinder dabei lernen, zwischen rein gefühlsmäßiger und wohlbegründeter Abneigung zu unterscheiden, und diese Differenzierung halte ich für außerordentlich wichtig im Leben. So war ich auch richtig glücklich, als Thomas eines Tages folgende Charakterisierung eines Fernsehspiel-Angestellten abgab: «... eigentlich fand ich ihn ja ganz doof, weißt du, mit seinem wichtigen Getue – und immer hat er jeden Fussel gleich weggebürstet, und komisch angezogen war er auch; aber dann hat er sich am anständigsten von allen benommen. Echt!» Zu dieser Einsicht – daß man mit seinem Urteil über Menschen vorsichtig sein muß – hatte Thomas ganze dreißig Minuten gebraucht. Andere brauchen dazu manchmal Jahre!

Und überhaupt: auf Grund seines immensen Verbrauchs an Themen und Storys ist das Fernsehen vollgestopft mit menschlichen Konfliktstoffen aller Art. Die meisten davon können wir, was den Nutzen für die Kinder betrifft, zwar vergessen. Trotzdem bieten sich immer wieder ungeahnte Gelegenheiten, mit seinen Kindern all jene Probleme anzusprechen, die demnächst oder doch irgendwann einmal auf sie zukommen könnten. Natürlich kann man alle notwendigen Aussprachen auch ohne akuten Fernsehanlaß herbeiführen – und in vielen Fällen wird man das ja auch tun –, aber solche vorsätzlichen Gespräche geraten doch oft etwas krampfhaft und aufgesetzt, und die Kinder haben für das gezielt zutage tretende Engagement der Eltern auch selten die rechte Aufnahmebereitschaft.

Nehmen wir einmal an, der Vater setzt sich eines Abends im Sessel zurecht, räuspert sich so betont beiläufig, daß das Kind gleich weiß: aha, jetzt kommt was, und sagt dann: «Also, ich denke, wir müssen mal über Drogen miteinander reden ...»; vielleicht gelingt der Einstieg auch etwas lockerer, und einer der Eltern sagt dann etwa: «Sag mal, kann das stimmen: Ich hab gehört, der Uwe hat angefangen, Haschisch zu rauchen?» Aber auch hinter dieser beiläufigen Bemerkung wird das Kind triste Belehrungen wittern, und überhaupt hat es zu diesem Thema schon seine eigene Meinung und gar keine Lust, sich jetzt darüber zu verbreiten. Ist aber gerade ein Fernsehfilm gelaufen – egal, ob künstlerisch wertvoll oder nicht –, in dem schonungslos gezeigt wurde, wie ein Jugendlicher, und zwar ein sympathischer!, am Rauschgift kaputtgeht – dann wird, ohne pädagogischen Nachdruck und ohne Zeigefingerbelehrung das Gespräch von ganz allein anlaufen; jenes Gespräch, von dem man sich erhofft, daß es das Kind von eigenen Experimenten dieser Art abhalten wird.

Und im übrigen brauchen ja nicht nur die Kinder, sondern auch die Eltern einen Denk- und Handlungsanstoß. Wann haben sie denn schon mal Lust, ohne Not eine Diskussion in Gang zu setzen, wo sonst sie in Ruhe ihre Zeitung lesen könnten?? Nicht einmal dann, wenn Kinder von sich aus ein Thema anschneiden, sind Eltern immer gleich bereit, einzusteigen. Jedenfalls, als Thomas mich vor einiger Zeit unvermittelt fragte, ob ich es meinem Freund wohl gleich sagen würde, wenn ich sähe, daß seine Freundin mit seinem Freund aus dem Kino kommt, wo sie ihm doch gerade vorher gesagt hatte, sie müsse ihre Freundin zu deren kranker Großmutter begleiten ... da sah ich nur kurz von meiner Post hoch und sagte, unfähig, die Wichtigkeit dieses Problems auch nur annähernd zu erkennen, kurz und abweisend: «Keine Ahnung. Und sei so gut und laß mich jetzt in Ruhe diesen Brief lesen!» Ich hatte die Fernsehsendung, auf die er sich bezog – und in der es um «Treue», «Verrat» und «echte Freundschaft» ging – einfach nicht gesehen.

Es gibt eben keine Einrichtung in dieser Welt, durch die Eltern nicht «gefordert» würden! Daran hat man sich mittlerweile ja schon gewöhnt und man wird sich also auch nicht irritieren lassen, wenn das Fernsehen in Abständen ganz besondere Herausforderungen bereithält. Was da so alles an zwischenmenschlichen Beziehungen abläuft ..., das zwingt einen ohne Erbarmen, die allgemeinen Wert- und Moralvorstellungen, die man seinen Kindern vermittelt, laufend zu überprüfen, gegebenenfalls ein wenig abzuschleifen und auf jeden Fall hieb- und stichfest zu begründen.

Es nützt einfach nichts mehr, seinen Kindern «ein für allemal» zu sagen, daß die Ehe ein lebenslanges Trutz-Schutz- und Treuebündnis darstellt, daß «anständige» Männer ihre Familien nicht verlassen und «gute Mütter» ihre Kinder niemals einer fremden Person übergeben, um sich übers Wochenende mit einem Freund zu treffen. Wenn schon das Kind in seiner Umgebung nichts Gegenteiliges bemerken sollte – das Fernsehen sagt es anders. Da gibt es eben auch sympathische Mütter und Väter, die sich in herzzerreißende emotionale Konflikte verstrickt sehen; da gibt es Eltern, die sich gegenseitig weh tun, die Fehler machen und die Kinder schrecklichen Belastungen aussetzen, obwohl sie sie lieben. Und das sehen die eigenen Kinder nun auch. – «Die kommen ja total durcheinander!» empörte sich unlängst eine Mutter von zwei halberwachsenen Töchtern und begründete wortreich, warum sie das Fernsehspiel vom letzten Wochenende kurzerhand abgeschaltet hatte.

Ich denke, so schnell muß man nicht abschalten. Geht es dem Kind gut in seiner Familie, wird es die Erkenntnis schon aushalten, daß es anderswo nicht so glatt läuft. Ist es dagegen selber mit Problemen im eigenen Elternhaus konfrontiert, wird ihm die Feststellung, daß offenbar alle Menschen, Eltern und Familien Schwierigkeiten haben, eher ein Trost sein. Mit dem wohlfeilen Sätzchen: «So etwas macht man nicht!» kommt man heute nicht mehr weit. «Man» macht es eben doch und man macht es vor aller Augen, und das Kind bemerkt es ohnehin.

Will das Fernsehen uns dagegen Absurdes, Konstruiertes, Geschmackloses und gefühlig Verquastes als Wirklichkeit oder gar als «Aussage» verkaufen – na, da haben wir ja noch einen Mund, uns dazu zu äußern. Und da wir nicht im Kino, sondern praktischerweise im eigenen Wohnzimmer sitzen, können wir das spontan und ohne Aufschub tun, und kein Mißbehagen muß verdrängt werden. Und wenn es zu ärgerlich wird, dann bekommt man ja vielleicht auch eine Abstimmungsmehrheit fürs Abschalten. Auch wenn man mehr als ein Kind hat!

Denn schließlich: Je öfter man mit seinen Kindern gemeinsam ferngesehen und gemeinsam über das Gebotene nachgedacht und gesprochen hat, desto besser werden sie selbst imstande sein, glaubwürdige Handlungen von unechten, verlogenen, verkitschten zu unterscheiden und realistische Dialoge von künstlichem Geplapper.

Mögen sie auch jahrelang wunschlos zufriedene Konsumenten jener Familienserien gewesen sein, in denen junggebliebene und immer wie aus dem Ei gepellte Mütter ihre kleinen Racker schelmisch am Ohr zupfen, bevor sie ihnen das Lieblingsgericht auftischen, während sehnige Väter ihre Sprößlinge mit Handschlag und Ehrenwort zu Anstrengung und Verzicht erziehen – eines Tages werden die Kinder beim Betrachten solch lupenreiner Familienabbildung in erstem Zweifel die Stirn krausen und sagen: «Komisch, daß der Junge kein bißchen gemeckert hat, als er plötzlich den Garten mähen sollte – wo er doch gerade zum Fußballspielen wollte ...»

Von diesem Augenblick an wird die Entwicklung zur Kritikfähigkeit zügig voranschreiten. Ein penetrant überzeichneter Musterknabe wird ebenso beanstandet wie ein Klischeebösewicht mit überzogenem Widerlingsgehabe, und sogar der Berufsstand der Lehrer – von dem Kinder nun wirklich etwas verstehen – hat alle Aussicht, bei Überzeichnungen in Schutz genommen zu werden: «Also, so 'ne idiotische Lehrerin gibt's nun aber wirklich nicht!»

Da freut man sich doch. Gelegentlich läßt diese Freude etwas nach – wenn nämlich das Kind mit zunehmender Kritikfreudigkeit angesichts eines politischen Kommentars so etwas von sich gibt wie: «... der quatscht mal wieder einen Blödsinn, nicht auszuhalten!» Da wird man den vielversprechenden Prozeß kindlicher Meinungsbildung verärgert, aber nach Möglichkeit sachlich begründet, wieder etwas zurückschrauben. Aber dieser Vorgang hat mit dem Fernsehen ursächlich gar nichts zu tun; er fällt ganz schlicht unter die normale Entwicklung eines Menschen zu Selbstbewußtsein und Urteilsfähigkeit.

Nun fehlt aber noch ein immer wieder diskutierter und

zweifellos ganz wichtiger Gesichtspunkt: Die Brutalität in den Fernsehfilmen.

Ohne Zweifel gibt es unverhältnismäßig viele – wenn Sie mich fragen: sogar unverantwortlich viele – Ermordete auf dem Bildschirm. Ganz zu schweigen von all den Geprügelten und Geschundenen, mit denen unsere Kriminal- und sogenannten Unterhaltungsfilme Stunde um Stunde «belebt» werden. Und wie wirkt sich dieser permanente Mord- und Totschlag auf die Kinder aus? Auf die kleineren Kinder dürften diese Gewalttätigkeiten überhaupt nicht wirken, weil sie sie gar nicht zu Gesicht bekommen sollten! Daran sei an dieser Stelle erinnert.

Ältere Kinder kann man natürlich nicht mehr abschirmen gegen die ins Wohnzimmer transportierte Gewalttätigkeit. Aber man sollte wenigstens sehr genau hinsehen, was da im einzelnen passiert. Ist der Schläger oder Killer als Held angelegt? Als verkappter «Sympathie-Träger», wie es heißt? Dann kann er latente Brutalität beim Zuschauer verstärken, kann sogar (wie man annimmt) zur Nachahmung reizen. Ist die Geschichte jedoch so angelegt, daß der Zuschauer sich mit dem Opfer identifiziert und den Angreifer als Feind erkennt, dann kann die gleiche Szene eine genau gegenteilige Wirkung hervorrufen: Der Denkapparat des Kindes wird jetzt angekurbelt gegen Gewalttätigkeit und für bessere Konfliktlösungen.

Letztlich ist also weniger entscheidend, *was* passiert, als der Zusammenhang, in dem es passiert. Da Kinder die Aussage, die in einem Stück oder in einer Szene enthalten ist, allerdings auch mißverstehen können, sollte man eben unbedingt mitsehen und anschließend auch darüber reden.

Und dann gibt es noch einen viel entscheidenderen Aspekt zu der Frage, ob Kinder durch das Fernsehen überhaupt zu brutalisieren sind; und der betrifft die Erfahrungen, die das einzelne Kind aus seiner eigenen Umwelt in das Bildschirmerlebnis einbringt. Hält es zum Beispiel auf Grund persönlicher Erfahrungen «Gewalt» für eine normale Begleiterscheinung des Lebens, wird es die reihenweise abgeknallten Indianer gelassen oder sogar – seiner eigenen latenten Aggressionen wegen – mit Befriedigung betrachten. Ist ihm hingegen Gewalt nahezu unbekannt, und daher erschreckend und ganz unerträglich, dann wird es alle Quälereien, die sich auf dem Bildschirm abspielen, mit dem Etikett des Bösen versehen. Dann wird es mitleiden, aber nicht abstumpfen oder verrohen.

Die eigene Familie ist also in erster Linie dafür verantwortlich, wenn Gewalttätigkeit wieder und wieder neu erzeugt wird. Das Fernsehen kann diese traurige Entwicklung allenfalls verstärken. Schlimm genug; aber den Boden für die bereitwillige Aufnahme solcher Teufelssaat, den haben schon andere bereitet ...

Auf noch einen Aspekt weisen die Fernsehgegner immer wieder unerbittlich hin: daß fernsehende Familien eben fernsehen und sich in der fraglichen Zeit nicht anderweitig mit ihren Kindern beschäftigen! Diese Feststellung ist zwar unwiderlegbar, und es schlummert auch gleich der Vorwurf der groben Vernachlässigung in ihr, aber da wären noch ein paar Zusatzfragen zu stellen: Erstens: Sehen die Eltern gerade dann fern, wenn die Kinder Zuwendung haben sollten? (Und wenn ja: Oft? Gelegentlich? Ganz, ganz selten??) Zweitens: Sperren sie die Kinder aus, weil sie ungestört sein wollen und keine Lust haben, über das Gesehene zu reden? Und schließlich drittens: Beanstanden die Kinder, daß die Eltern fernsehen oder sitzen sie derweil vielleicht am Küchentisch und malen mit hochroten Backen an einem Geburtstagsbild für die Oma?

Als Gaby drei Jahre alt war, fragte sie mich eines Tages ganz hoffnungsvoll, ob ich denn nicht heute mal wieder fernsehen wolle. Auf die Gegenfrage, warum sie das denn wissen wolle, sagte sie mit einem tiefen Seufzer: «Da kann ich immer so schön bei dir kuscheln.»

Natürlich! Bei welch anderer Gelegenheit sitzen Eltern schon eine Stunde und länger mit ihrem zärtlichkeitsbedürftigen Kind auf dem Schoß im Sessel, ohne daß der gefürchtete Satz ertönt: «Nun ist es aber genug, jetzt muß ich etwas tun!» So aber hat das Kind es ganz gemütlich, blinzelt allenfalls mal beiläufig auf den Fernseher, versteht ohnehin nicht, was dort vor sich geht, und rutscht garantiert noch vor dem Ende der Sendung vom Schoß, um sich wieder eigenen Aktivitäten zu widmen.

Und nun fehlt diesem vielschichtigen Thema wohl noch so etwas wie ein Schlußsatz. Aber die geraten einem ja so leicht oberlehrerhaft und unangemessen pauschal. Also – gehen Sie doch einfach mit dem Fernsehen so um, wie Sie wissen, daß Sie sollten ... Was natürlich auch bedeuten kann: halb soviel, wie Sie gern würden!

Kümmere dich nicht um meine Dinge!

Kaum ein Begriff spielt in der Beziehung zwischen Eltern und Kind eine solche Rolle wie der Begriff des «Sichkümmerns». Von allem Anfang an müssen Eltern sich «kümmern», und zwar so heftig, wie sie sich noch nie um einen anderen Menschen gekümmert haben. Das entspricht natürlich durchaus ihrem eigenen Gefühl, aber darüber hinaus sind sie auch dazu verpflichtet; und wenn irgend etwas mit dem Kind späterhin nicht so läuft, wie es sollte – wenn es andere Kinder haut, die Schule schwänzt oder jeden Pfennig in Süßigkeiten anlegt –, dann ist der Umwelt eines sofort klar: um dieses Kind haben sich die Eltern nicht genug gekümmert!

Das Kind selbst ist sich lange Jahre hindurch dieses ununterbrochenen Bereitschaftsdienstes seiner Eltern kaum bewußt, dann aber versucht es mit zunehmender Entschiedenheit, sich der besorgten Betreuung zu entziehen. Zwar läßt es sich noch gefallen, daß man ihm weiterhin das Essen vorsetzt und die Socken stopft, aber es möchte sich nun nach eigenem Ermessen beschäftigen, kleiden und vergnügen, und es will auch nicht mehr Auskunft geben über alles und jedes, was sich in seinem Leben ereignet. Besonders sensibel pflegt es auf Nachfragen im Hinblick auf die Schularbeiten und den Zustand seines Zimmers zu reagieren: «Darum brauchst du dich gar nicht zu kümmern, das mach ich schon», schlägt das freundlich veranlagte Kind seiner Mutter oder seinem Vater vor, während das weniger freundlich gestimmte knapp und barsch sagt: «Kümmere dich doch bloß nicht immer um meine Angelegenheiten!» Und damit hat es den neuralgischen Punkt jeder Erziehung getroffen: Wo ist die Grenze zwischen den Angelegenheiten der Eltern und denen des Kindes?

Die Kinder selbst handhaben das Problem mit großer Beweglichkeit. Da hatte ich zum Beispiel meinen Sohn – immer mal wieder – nach dem Stand seiner Rechenaufgaben gefragt, während er hingebungsvoll damit beschäftigt war, sechs kleine runde Steine an einen großen flachen Stein anzukleben, in der Hoffnung, daß das Ganze dann wie eine Schildkröte aussehen würde. Er blickte nur kurz auf und sagte gequält: «Kannst du nicht mal aufhören, dich um alles zu kümmern?» Keine halbe Stunde später kam er mit dem Rechenheft zu mir und sagte mit harmlosester Selbstverständlichkeit: «Hier ist wieder mal eine ganz blöde Aufgabe. Kannst du mir die erklären?» Was ich antwortete, werden Sie unschwer erraten: «Ich denke, ich soll mich nicht immer um alles kümmern!» sagte ich natürlich. Aber Thomas sah mich mit ganz ungespieltem Erstaunen an: «Du sollst dich ja auch gar nicht kümmern», erklärte er, «du sollst mir bloß mal eben helfen!»

Und vermutlich sehen das alle Kinder gleich: Die Eltern sollen sich um Himmels willen nicht um alles kümmern – sie sollen bloß dasein, wenn sie gebraucht werden. Und über diesen feinen Unterschied wollen sie auch gar nicht diskutieren. (Was sie von den meisten Erwachsenen, genaugenommen, nicht sehr unterscheidet.) Aber die Eltern werden sehr wohl mit ihnen diskutieren. Wobei man unterschiedlich vorgehen kann: Man kann zum Beispiel immer von Fall zu Fall entscheiden, ob man Mitverantwortung zu übernehmen gedenkt – ob man sich also «kümmert» bzw. einmischt oder ob man sich im Gegenteil ganz entschlossen aus der Sache heraushält. So kann man sich etwa einerseits zielstrebig in einen Kleiderkauf einschalten, den das Kind am liebsten allein tätigen würde, und man kann es andererseits strikt ablehnen, sich an der Herstellung einer Landkarte von Europa zu beteiligen, die seit drei Wochen auf der Schularbeitenliste steht, nun aber morgen abgeliefert werden muß. Und man kann «beim nächstenmal», also in ähnlich gelagerten Fällen, sich auch wieder anders entscheiden. Warum nicht, man hat ja auch seine Stimmungen. Nur hat diese Methode des «Von-Fall-zu-Fall-Entscheidens» einige Nachteile. Erstens müssen Kontroversen über ein und dasselbe Thema ständig von neuem ausgetragen werden, zum anderen wird man in der Hektik des Augenblicks leicht überrumpelt.

Kinder zum Beispiel, die morgens grundsätzlich zu spät aufstehen und in der dann gebotenen Eile weder ihre Turnschuhe noch ihren Zirkelkasten oder ihre Dauerfahrkarte finden können – diese Kinder, wenn sie sich nur aufgeregt und verzweifelt genug gebärden, bringen ihre Mütter immer wieder dazu, wie aufgescheuchte Hühner durch die Wohnung zu rennen, mit Taschenlampen unter Betten zu leuchten, herumliegende Plastiktüten zu durchforschen und in die Taschen sämtlicher, auch nur entfernt in Frage kommender Hosen und Jacken zu greifen. Für diesen Einsatz läßt die Mutter den Rest der Familie maulend am Frühstückstisch zurück und verschafft sich auch für die eigene Person einen unerfreulichen Tagesbeginn. Und das alles, weil sie das Gefühl nicht los wird, sich darum kümmern zu müssen, daß das Kind nicht zu spät zur Schule kommt – jenes Kind, das allabendlich, wenn man ihm nahelegt, doch schon jetzt seine Mappe zu packen, freiweg erwidert, das sei seine Sache ...

Für solche Wiederholungssituationen möchte ich daher eine generelle Entscheidung warm empfehlen. In diesem Fall: Ob und wann das Kind morgens seine Schulsachen findet oder nicht, das ist seine Angelegenheit. Und die möglichen Folgen hat es auch zu tragen. Punktum. Vielen Eltern fällt diese Konsequenz, die im akuten Fall ja auch recht lieblos wirken kann, schwer. Mir übrigens auch. Sehr sogar. Aber gelegentlich wachse ich doch über mich hinaus. Wie an dem Abend, an dem Gaby eine Verabredung mit einer sie sehr interessierenden, aber nahezu noch unbekannten Person hatte. Vor dem Kinoeingang. Gaby hatte viel Zeit mit dem Ringen um die effektvollste Zusammenstellung unterschiedlicher Kleidungsstücke verbracht – ihr Zimmer sah aus wie ein Second-hand-shop unmittelbar nach einer Hausdurchsuchung –, und nun sauste sie durch die Gegend, riß allerlei Schubladen auf und richtete schließlich die dringende Frage an mich: «Kannst du mir bitte sagen, wo mein Schminktäschchen ist??» Da hob ich meinen Kopf aus der Zeitung und sagte klar und unmißverständlich: «Liebes Kind, es gibt in diesem Haus zwei bis drei Dinge, um die ich mich nicht kümmere; eins davon ist dein Schminktäschchen.»

Zugegeben: der Entschluß, einen Teilbereich des kindlichen Lebens aus der elterlichen Verantwortung auszuklammern, hat oft resignativen Charakter. Klassisches Beispiel dafür ist das Kinderzimmer: Jahre hindurch wurde dort gesaugt, staubgewischt und aufgeräumt wie in jedem anderen Zimmer der Wohnung. Das Aufräumen war dann das erste, was an das Kind selbst delegiert wurde. Später kam das Bettenmachen und endlich auch das Saubermachen dazu. Über längere Zeiträume hinweg pflegt diese Abmachung allerdings nichts anderes zu besagen, als daß die Kinder soviel tun, wie sie für nötig halten, und die Eltern seufzend und schimpfend den unbewältigten Rest aufarbeiten. Mit anderen Worten: das Zimmer des nunmehr Jugendlichen wird zum täglichen Gesprächs- und Konfliktstoff; aber eines Tages ... etwa, wenn die Mutter das Bett von Sohn oder Tochter neu beziehen will, und bei dem Eiertanz zwischen herumgestreuten Schulsachen, Schallplatten und Kleidungsstücken auf einen verdeckten Holzschuh tritt und sich den Fuß verstaucht, kommt es zum Schwur: «Um dein Zimmer kümmre ich mich ab heute nicht mehr!»

«Na wunderbar, endlich», sagt das Kind – und nun brauchen sich die Eltern an ihren Entschluß nur noch zu halten. Was nichts anderes bedeutet, als daß sie ins Zimmer des jetzt auffällig zufriedenen Kindes auch wirklich keinen Blick mehr werfen.

Fast noch schwerer als der Verzicht auf jegliche Zimmerkontrolle fällt der Entschluß, dem Kind auch die Sorge um die eigene Gesundheit selbst zu überlassen, soweit das irgend möglich ist. Hier gehen Eltern nur sehr zögernd auf Distanz, obwohl sie doch gerade an diesem Punkt ständig an die Grenzen ihrer Einflußnahme stoßen. Kinder strapazieren ihre Gesundheit ja vorzugsweise außerhäuslich; sei es durch unsachgemäße Bekleidung, durch schädliche Eß- und Trinkgewohnheiten, übertriebene sportliche Betätigung oder auch und vor allem durch radikal verkürzten Nachtschlaf, sprich: durch zu spätes Nachhausekommen. Aber auch dieses letztere, heißumkämpfte Problem sollte man so um das sechzehnte Lebensjahr herum zur Eigenbestimmung freigeben. Der Jugendliche, der schon die Tage bis zu seiner amtlichen Mündigkeit zählt, muß einfach selber lernen, das Verhältnis von Arbeit, Vergnügen und Schlaf halbwegs ausgewogen zu gestalten. Die Eltern können und sollen sich nicht mehr ständig darum kümmern. Wobei «Nicht-mehr-Kümmern» immer nur heißen kann: keine engen Vorschriften und keine nervenaufreibenden Kontrollen mehr. Erhalten bleibt selbstverständlich das Über-alles-Reden, Sich-für-alles-Interessieren und die unbegrenzte Zuhörbereitschaft. Das fällt nicht unter die so verabscheute Bevormundung.

Als Thomas einmal nach einem Fest erst gegen Morgen nach Haus gekommen war, sagte er zu seinem in morgendlicher Benommenheit stumm am Kaffeetisch sitzenden Vater ganz beleidigt: «Sag mal, du interessierst dich wohl überhaupt nicht dafür, was ich gemacht habe und wann ich nach Haus gekommen bin, wie? Kümmert dich wohl alles gar nicht?» Worauf mein Mann mit halbgeschlossenen Augen beteuerte: «Aber doch, natürlich! Sobald ich richtig wach bin!» Und nach zwei Tassen Kaffee war er dann soweit und konnte sich um seinen Sohn und dessen Erlebnisse angemessen kümmern . . .

Die Suche nach dem Schuldigen

Unser Freund Ewald, ein Tüftler und Grübler, der viel Zeit darauf verwendet, Zusammenhänge menschlicher Beziehungen und Entwicklungen zu ergründen, eröffnete mir neulich, daß er herausgefunden habe, welchen aus drei Wörtern bestehenden Satz er in seiner Kindheit am häufigsten gehört habe. Nun bestand Ewalds Familie aus Eltern, Großeltern und fünf Kindern, so daß auch romantischste Gemüter nicht auf die Idee kommen konnten, daß es sich bei diesem meistgehörten Satz etwa um «Gib Papa Küßchen» oder «Mama kommt gleich» gehandelt haben könnte. Wir tippten daher auch sofort auf ein Sätzchen mit Aufforderungscharakter, wie: «Laß das sein!» oder «Komm mal her» und hielten auch ein unter den Geschwistern grassierendes «Hau bloß ab!» oder «Laß mich zufrieden!» für denkbar.

Aber nein, dieses alles war's nicht; Ewalds Satz vielmehr lautete: *«Wer war das??»*

Ich muß zugeben, daß wir zunächst mit großer Heiterkeit reagierten. Dann überlegten wir, daß Ewald mit seiner Entdeckung recht haben könnte, denn in seiner Familie gab es einen Vater, der eine Unzahl strenger Verhaltensregeln aufgestellt hatte, deren Nichtbefolgung er nach einem genau ausgeklügelten System bestrafte. Damit dieses System funktionierte, mußte man natürlich denjenigen, der aus der Reihe tanzte, sich widersetzte, gegen den Stachel löckte, Unbotmäßiges trieb, jeweils auch herausfinden!

War also wieder mal ein Spielzeug kaputtgegangen, waren wohlverwahrte Keks- und Wurstvorräte geheimnisvoll zusammengeschmolzen oder zeigte die Sonntagsweste des Vaters deutliche Spuren der Mitbenutzung durch Unbefugte, ertönte der wütende Aufschrei durchs Haus: «Wer war das?!» Daß diese Frage niemals gelassen oder auch nur halbwegs sachlich gestellt wurde, lag ganz einfach daran, daß man die Antwort schon im voraus wußte. Sie lautete in 99 von 100 Fällen «Weiß *ich* doch nicht!»

Immerhin – nachdem ich über diese verrückte Geschichte nachgedacht hatte, entdeckte ich in ihr mehr als nur einen Ausschnitt aus einer einzelnen Familienchronik. Plötzlich schien es mir, als seien wir alle – bemüht, unser kompliziertes Leben zu bewältigen und bei diesem Bemühen ständig mit unseren Unzulänglichkeiten konfrontiert –, als seien wir alle dauernd auf der Suche nach einem anderen Schuldigen. Klammern wir unser Berufsverhalten mal aus und bleiben wir der Einfachheit halber im Rahmen des Familienalltags.

Wir kommen nach Haus, das Licht brennt überall, das Radio ist nicht ausgeschaltet, die Katze ist ins Schlafzimmer entwischt und der Teppich ist voller Kekskrümel. Unser Ärger hält sich bei diesen störenden Erscheinungen kaum auf, sondern setzt sich sofort in Richtung auf den Verursacher in Gang: Wer zum Teufel war das?!

Dieser innere Mechanismus scheint mir – sofern es genügend in Frage kommende Familienmitglieder gibt, versteht sich – so gut eingespielt, daß er automatisch auch dann abläuft, wenn uns Sekundenbruchteile später einfällt, daß wir selbst es waren, die diese Ärgernisse bewirkten! Jedem von uns wird das schon mal passiert sein, denke ich, und jeder kennt deshalb wohl auch das klassische Witz-Beispiel jenes Professors und Krankenhaus-Chefs, der am Bett eines offensichtlich falsch behandelten Kranken hemmungslos herumtobt: «Welcher Idiot hat die kalten Umschläge verordnet??» Und der die genüßlich ausgekostete Antwort des kleinen Assistenzarztes einstecken muß: «Sie, Herr Professor!» Nun ja, dieser Witz reißt heute keinen mehr vom Sitz, und überhaupt sind solche Situationen allenfalls für Außenstehende erheiternd. Die Betroffenen hätten alle miteinander Anlaß zum

Nachdenken darüber, wie es denn dazu kommen konnte, daß die Blamage des einen zur unverhohlen genossenen Schadenfreude des andern wird.

Sollten Sie also eines Tages mit der kompletten Familie abends nach Haus kommen, und sollte Ihnen dann unter der Schwelle der Wohnungstür ein Wasserrinnsal entgegenlaufen, und sollte einem Ihrer Lieben schlagartig einfallen, daß *Sie* vergessen haben, den Schlauch von der in Gang gesetzten Waschmaschine in den Ausguß zu hängen, und sollte man Ihnen diesen Tatbestand leuchtenden Auges mitteilen – also dann sollten Sie vielleicht wirklich etwas nachdenklich werden!

Genaugenommen haben wir in den meisten Fällen gar nichts davon, wenn wir wissen, *wer* die Blumenvase umgestoßen, das Buch verlegt, die schwarzen Flecke auf den Teppich gemacht hat!

Genaugenommen kann uns nur daran gelegen sein, daß der Schaden so gut und so schnell wie möglich behoben wird und daß dergleichen möglichst nicht wieder geschieht. Und je weniger man sich in all solchen Fällen damit aufhält, den Schuldigen zu suchen, desto schnellere und effektivere Unterstützung wird einem bei der Beseitigung des Schadens und bei der Suche nach dem vermißten Buch zuteil werden.

Noch heute erinnere ich mich an die Mutter einer Schulfreundin, die einen unauslöschlichen Eindruck auf mich machte durch ihre Reaktion auf etwas, was ich als Zehnjährige für eine absolute Katastrophe hielt. Auf der Suche nach einer Schere war es mir nämlich gelungen, den umfangreichen Nähkorb der Mutter umzustoßen, der sich daraufhin auch wirklich bis zum allerletzten Druckknopf leerte. Während ich noch in fassungslosem Entsetzen auf die davonrollenden Knöpfe, Garnrollen und Fingerhüte starrte sowie auf die aufgesprungene, ihren Inhalt geradezu wegschießende Stecknadeldose, kam schon die Mutter herein. Selbstverständlich erwartete ich nun die Frage, wer das gewesen sei, nebst allen daraus resultierenden Unannehmlichkeiten. Aber nichts dergleichen geschah. «Du meine Güte, das ist ja eine Bescherung», sagte sie lediglich, um dann fortzufahren: «Na, dann wollen wir uns mal an die Arbeit machen!»

Nie wieder habe ich mit solchem Vergnügen Nähgarn aufgewickelt, Haken und Ösen paarweise geordnet und Nadeln unter Stühlen und Regalen hervorgeklaubt. Nie wieder auch ist mir seitdem ein Nähkorb vom Tisch gefallen; obwohl mich doch niemand als Schuldigen entlarvt und mir den angeblich so heilsamen «Denkzettel» verpaßt hatte...

Unübersehbar ist allerdings, daß auch schon Kinder die Neigung zeigen, anderen die Schuld zuzuschieben, wenn irgendeine «Tat» entdeckt worden ist. Schließlich haben sie von kleinauf erfahren, daß Ungeschicklichkeit, Irrtum oder eindeutiger Ungehorsam handfesten Ärger nach sich zu ziehen pflegt. Kein Wunder also, wenn sie ihren durch Krach und Geschrei alarmierten Eltern schon von weitem zurufen: «Susi hat angefangen» – «Peter hat mich gehauen!» – «Sabine hat die Schokolade auf die Heizung gelegt!» – oder auch grundsätzlich und ein für allemal: «Das war Rosi!»

Die Eltern stört dieses gegenseitige Beschuldigen ganz außerordentlich. «Hört auf mit dem Gepetze» sagen sie manchmal; aber im Grunde wollen sie natürlich trotzdem gern wissen, wer von ihren Kindern immer mit dem Hauen anfängt, wer den andern die Spielsachen kaputtmacht oder die Bonbons aufißt, und auch, wer – und weshalb eigentlich – nie an irgendeinem Malheur beteiligt zu sein scheint.

Da gilt es erst einmal etwas System in die Fülle der Vorkommnisse zu bringen und zu unterscheiden zwischen «aus Versehen» und «mit Absicht» geschehen.

Aus Versehen und sozusagen schuldlos passieren allerdings gerade jene Pannen und Ferkeleien, die uns so besonders wütend machen: Umkippen von Kakaotassen, Herunterreißen von Blumentöpfen, reparaturreife Beschädigung von Plattenspieler, Bandgerät, Toaster und anderer Geräte durch übereifrige unsachkundige Benutzung.

Hier genügt es theoretisch völlig, den Kindern die eigene Betroffenheit zu vermitteln, sie an Aufräumungs- und Wiederherstellungsarbeiten zu beteiligen und mit ihnen gemeinsam zu überlegen, wie Derartiges künftig zu vermeiden wäre. *Wem* das Unglück passierte, muß man im Grunde nicht so dringend wissen; aber wenn man sich nicht unangemessen erregt gebärdet, wird der Pechvogel sich von ganz allein melden. Vielleicht möchte er ja selbst getröstet werden, weil es *sein* Aquarium ist, das gerade ausläuft, und weil er den Kakao lieber getrunken als über seine Plüschtiere vergossen hätte!

Anders sieht es bei den ganz und gar vorsätzlichen Übeltaten aus: Hier muß man sich schon bemühen, herauszufinden, wer Peters liebevoll erbautes Indianercamp zerstörte, wer Marions Puppe die Zöpfe abschnitt oder die Liebesbriefe der großen Schwester raubte. Bei der bloßen Überführung des «Täters» braucht man sich allerdings nicht lange aufzuhalten, denn erst jetzt wird es aufschlußreich: Warum in aller Welt hat das Kind denn getan, was es tat? Und hat man diesen letzten Teil des Rätsels auch noch gelöst, stellt sich oft genug heraus, daß man den Geärgerten und Geschädigten zwar auch angemessen in Schutz nehmen muß, daß aber die eigentlich Hilfsbedürftigen die «Täter» selbst sind. Vielleicht wehrt sich da ein hilfloser kleiner Mensch mit seinen Boshaftigkeiten gegen geschicktere, erfolgreichere Geschwister, vielleicht rächt er sich für Quälereien und Ungerechtigkeiten.

Hat man solche Zusammenhänge erst einmal entwirrt, stellt sich der vermeintlich Schuldige womöglich als das Opfer dar und der Geschädigte als Provokateur und Unruhestifter. Ganz wie in vielen Kriminalgeschichten auch! Mit dem Unterschied, daß wir in der glücklichen Lage sind, an kein starres Gesetz gebunden zu sein. Wir können es uns leisten, gegebenenfalls den Täter zu trösten und dem Kläger vorzuhalten, daß er sich den ganzen Ärger selbst zuzuschreiben hat.

Und sollte man Ursache und Wirkung nun wirklich überhaupt nicht mehr auseinanderfutzeln können, nun, das liegt ja auf der Hand, dann müssen die Kontrahenten eben alle miteinander besänftigt und getröstet werden. Einzeln natürlich und auf ganz individuelle Weise, angepaßt an Alter, Empfindsamkeit und Temperament ...

Bitte, ich habe nie behauptet, daß es besonders einfach sei, aus seinen Kindern liebenswerte Menschen zu machen!

O diese Unbescheidenheit!

Eines Tages geraten Eltern in Wut! Jahr um Jahr haben sie alles getan, damit es ihren Kindern gutgehe – und keine Rede davon, daß sie etwa auf besondere Dankbarkeit aus wären –, aber jetzt scheinen sich doch die Kinder wahrhaftig einzubilden, das alles sei *selbstverständlich*! Erklärt doch plötzlich der Vierjährige, bloß so olles Wasser könne er nicht trinken, Aprikosensaft wolle er haben! Und die Sechsjährige inspiziert mit zunehmender Ungeduld alle erreichbaren Büchsen und Dosen und ruft schließlich beleidigt aus: «Ist denn im ganzen Haus kein Stück Schokolade mehr? So eine Wirtschaft!» Der Achtjährige wiederum kann bei Tisch leichthin und in einem Atemzug bemerken, daß ihm erstens seine bestickte Pelzjacke nicht mehr gefalle, eine unbestickte hätte er jetzt gern, und daß er zweitens dringend eine Gitarre nebst dazugehörigem Unterricht brauche. Mit dem Zehnjährigen kann es einem passieren, daß er den wöchentlichen und durchaus geschätzten Besuch bei den Großeltern rundweg ablehnt, sofern er nicht mit dem Auto transportiert wird: «Was denn? Soll ich da vielleicht ewig mit dem Bus hinzukkeln?»

Auch Bemerkungen wie: «Was machen wir denn dieses Jahr in den großen Ferien? Können wir nicht endlich mal 'ne richtige Safari machen??» fallen so ganz nebenher, und der Älteste bemerkt womöglich: «Ich will dieses Jahr allein weg, mit ein paar Freunden. Kann ich mein Reisegeld gleich haben? Ich muß noch 'ne Menge kaufen vorher.»

In solchen Augenblicken rasten die Eltern ohne Vorwarnung aus, und ihre ganze Enttäuschung über soviel Anspruch und solche hochangesetzten Erwartungen an das Leben im allgemeinen und die Eltern im besonderen macht sich in dem

Ausruf Luft: «Bildet ihr euch etwa ein, alles, was ihr habt und bekommt, sei selbstverständlich?? Da werden wir jetzt mal andere Saiten aufziehn!» Und die Kinder werden verblüfft sein und den Kopf schütteln über ihre launenhaften Väter und Mütter und werden fragen: «Was ist denn los? Was regt ihr euch plötzlich so auf? Was haben wir denn gemacht??»

Ja, was haben sie denn nun wirklich gemacht – und warum regen sich die Eltern *plötzlich* so auf? Wenn sie klug sind, werden sie jetzt erst mal abwinken und schweigen und meinetwegen auch eine undurchsichtige Miene aufsetzen und dann in Ruhe über alles nachdenken . . .

Dabei werden sie dann bald feststellen: die Voraussetzungen für ein gedankenloses Einrichten in Bequemlichkeit und Wohlleben sind heute zwar besser denn je, aber das Problem als solches ist keineswegs neu. Alles ist relativ. Ich, zum Beispiel, entsinne mich noch deutlich meiner und meines Bruders unendlichen Verblüffung, als unsere Tante Bertha eines Sonntag nachmittags wie üblich zum Kaffee erschien, aber *ohne* ihre unförmige Tasche, die zu ihr gehörte wie ihre eigene Nase.

«Wo hast du denn den Kuchen gelassen?» fragten wir sofort, «Du wolltest doch heute Mohnkuchen backen?» – «Vielleicht wollte ich das, schon möglich», hatte Tante Bertha ungerührt erwidert», «aber dann wollte ich eben nicht mehr. Diese Bakkerei macht einen Haufen Arbeit, und ihr schlingt den guten Kuchen einfach so runter . . . Nee! Eßt ihr man heute ein Marmeladenbrot und fertig.»

Unsere Enttäuschung war echt, aber unsere Einsicht schien der Tante wohl noch zu oberflächlich. Jedenfalls kam sie noch mehrere Sonntage ohne Kuchen; und als sie dann endlich wieder mit der großen, ausgebeulten Tasche im Türrahmen stand, da war der feierlich ausgepackte Mohnkuchen genau das, was er nach Ansicht seiner Herstellerin schon immer hätte sein sollen: etwas Besonderes!

Genaugenommen hindert einen ja keiner, auch heute solche Zeichen zu setzen; von Zeit zu Zeit. Kleine Hinweise, die nur ganz beiläufig signalisieren, daß das Gute nie so selbstverständlich ist, wie seine Nutznießer es annehmen. Vielleicht werden Reisen mehr genossen, wenn man in einem Jahr mal zu Haus bleibt? Vielleicht darf auf einen üppigen Geburtstag, an dem es gleichzeitig das neue Fahrrad, den neuen Plattenspieler und den ersten Fotoapparat gab, auch mal ein bescheidener folgen? Vielleicht kann hie und da ein Anschaffungsstopp, eine Phase schlichteren Essens angesetzt werden?

Das Dumme ist nur, daß man den Brotkorb (besser: den Brötchen- respektive den Tortenkorb) nicht speziell für die Kinder höherhängen kann. Wenn die Eltern noch bequem reingreifen können, kommen Söhne und Töchter irgendwie schon auch ran ...

Einer unserer Freunde hatte in diesem Zusammenhang einen blendenden Einfall: er wollte zwischen den Verkauf seines alten und den Erwerb eines neuen Wagens eine autofreie Zeit einschieben. «Wenn ich daran denke», hatte er grimmig gesagt, «was ich mir als Kind die Schuhsohlen abgelaufen und in wie vielen Verkehrsmitteln ich mich rumgedrückt habe! Und unsere? Die werfen sich in die Autopolster und lassen sich bringen und holen, und holen und bringen ... Das werden wir mal eine Weile abstellen!» Gesagt, getan. Der alte Wagen wurde verkauft, nach einem anderen ohne Hast und Eile gesucht. Die Kinder erklärten diesen Plan für außerordentlich unpraktisch, begannen aber bald, die Vorteile der neuen Situation zu entdecken. Die Fünfzehnjährige zum Beispiel, die man bisher – aus Sorge vor einer einsamen nächtlichen Heimkehr – von Partys, Festen und Feten immer abgeholt hatte (und zwar zu einer Zeit, da einer der Eltern noch die Augen offen halten konnte), die durfte jetzt über Nacht bei den bekannten Familien bleiben. Sie fand das großartig. «Beinahe ein bißchen wie verreist!» sagte sie und kehrte Sonntag vormittag brav mit dem Autobus nach Hause zurück. Der Zwölfjährige seinerseits wußte sowohl das U-Bahn-Fahren zu loben – «Da kann ich prima Vokabeln lernen» – als auch die autolosen Sonntage: «Noch ein Wochenende ohne Rausfahren, und ich hab meine ganzen Fußballbilder eingeklebt!» Als aber die Frau unseres Freundes eines Tages ihre übervollen Einkaufstaschen stöhnend in der Diele abstellte, da blickten beide Kinder ihren Vater vorwurfsvoll an: «Nun sieh dir an, wie Mama sich abschleppt. Das haut echt nicht hin! Wo sie immer einkauft, wenn wir in der Schule sind. Und du kommst jeden Tag eine Stunde später nach Haus! Uns ist das ja egal; aber ihr solltet euch ein bißchen beeilen mit dem neuen Auto!»

Nun will ich hier keinesfalls in eine Grundsatzdiskussion «pro und contra Auto» einsteigen, ich will nur sagen: Wir sollten unsere Kinder nicht unterschätzen. Mit klaren Tatsachen konfrontiert, können sie sich durchaus bescheiden und, beweglich, wie sie sind, wahrscheinlich besser als wir. So leicht lassen sie sich nicht festnageln auf jene Attitüde von Wohlstandsüberdruß und -trägheit, die man ihnen so gern unterstellt.

Daher hat es denn auch wenig Sinn und Verstand, wenn Väter oder Mütter sich gegen unangemessene materielle Erwartungen ihrer Kinder zur Wehr setzen, indem sie ihnen alles an den Hals wünschen, was andere Generationen sich mühsam vom Hals geschafft haben: Hunger, Kälte, Armseligkeit: «Euch fehlt mal so eine richtig miese Zeit! Da würdet ihr euch vielleicht umgucken!» Natürlich würden sie sich umgucken, und vermutlich würden sie dann genauso wühlen und strampeln, wie ihre Eltern oder Großeltern das einmal taten –, und die ganze Verwöhnung würde vielleicht von ihnen abfallen wie die ausgewachsene Haut einer Schlange.

Bis zu einem solchen privaten oder allgemeinen Ernstfall, den niemand zu erleben hofft, werden einem doch wohl ein paar kleine Übungen in Bescheidenheit einfallen? Wobei man seinen Einfällen nicht unbedingt spontan nachgeben sollte. Neulich zum Beispiel durfte ich miterleben, wie eine Mutter mit ärgerlich gerunzelter Stirn den Geburtstags-Wunschzettel ihrer Tochter betrachtete, ihn plötzlich in einem Anfall von Entschlossenheit in lauter kleine Schnipselchen zerriß und wütend sagte: «Was willst du eigentlich *noch* alles haben?! Weißt du nicht, daß dein armer Vater immer noch an meinem Pelzmantel abzahlt und daß wir jeden Pfennig für das Appartement auf Sylt brauchen?!»

Da lachen dann natürlich die Hühner. Von den Kindern ganz zu schweigen ...

Mit Kindern zu Besuch

Viele Eltern lassen ihre Kinder grundsätzlich zu Haus, wenn sie jemanden besuchen. Das finde ich nicht richtig. Dafür gibt es wieder andere, die ihre Kinder ebenso grundsätzlich überallhin mitnehmen, zu welchem Anlaß und zu welcher Tageszeit auch immer – was mir ebenfalls nicht das Wahre zu sein scheint. Aber lassen Sie mich hier einfach davon ausgehen, daß Eltern mit ihren Kindern irgendwohin zu Besuch gehen, weil man sie eingeladen und ausdrücklich aufgefordert hat, die Kinder mitzubringen.

Wobei es allerdings auch hierbei noch ganz unterschiedliche Voraussetzungen gibt, je nachdem, ob man mit kleinen oder schon älteren Kindern zu Leuten mit ebenfalls kleinen oder größeren oder zu Leuten *ohne* Kinder geht. Weitere Spielarten ergeben sich, wenn man die Besuchten nochmals einteilt in Menschen, auf die man unbedingt und unter allen Umständen einen guten Eindruck machen will, und solche, deren Meinung einem total egal ist und sein kann. Es leuchtet ein, nicht wahr, daß ein vom Kleinkind rigoros abgeräumtes Nippesregal im ersteren Fall eine größere Katastrophe bedeutet als im letzteren.

Aber diese feinen Unterschiede lassen wir lieber außer Betracht, sonst gibt es hier nie einen Anfang! Machen wir einfach mit zwei Kleinkindern einen Besuch bei Leuten, die selbst keine Kinder haben. In einem solchen Fall würde ich grundsätzlich noch einmal nachfragen, ob die Gastgeber sich auch klar darüber sind, daß man sich einigermaßen pausenlos mit den lieben Kleinen wird beschäftigen müssen, und daß es zu zusammenhängenden Gesprächen kaum kommen dürfte. Machen die zu Besuchenden an diesem Punkt noch keinen Rückzieher, sollte man auf die besonderen Eigenschaften der

Kinder hinweisen. Das hieße gegebenenfalls: Julchen, gerade ein Jahr und fünf Monate alt, pflegt mit spitzen Jubelschreien auf alles Lebendige zuzusteuern, wobei es ihr bereits gelingt, Käfige aller Größen zu öffnen, sofern diese auf übliche Art durch Bolzen oder einschnappende Türen gesichert sind. Kleine Tiere sind also durch Julchen gefährdet, größere – Hunde und Katzen zum Beispiel – gefährden ihrerseits das unbedenklich zupackende Kind. Keine Tiere im Haus? Wunderbar. Der dreijährige Stefan, wäre dann etwa noch hinzuzufügen, ist derzeit außerordentlich wild und ungeschickt, gleichzeitig aber an allem Neuen heiß interessiert. Falls also Kunstgegenstände in niedriger Höhe aufgestellt sein sollten . . .?

Äußern die Gastgeber nach diesen und ähnlichen Informationen immer noch den Wunsch, die vollständige Familie bei sich zu haben – nun, dann geht man hin. Die Eltern können nun nichts anderes mehr tun, als ihre Lieblinge nach Möglichkeit gut ausgeschlafen und in bequemer Kleidung in die fremde Umgebung einzubringen. Und dann müssen sie natürlich ständig ein liebendes Auge auf sie haben, um notfalls zu verhindern, daß der wohlmeinende Hausherr ihnen die Pralinenschachtel auffordernd näher schiebt. Ich führe dieses Beispiel nicht ohne Grund an: Wir nämlich waren seinerzeit nicht ganz aufmerksam gewesen, so daß der dreijährige Thomas das angebotene Nougatstück dankbar entgegennehmen und in der Hand schmelzen lassen konnte. Anschließend hatte er dann versucht, mehrere neu bezogene Sessel nacheinander zu erklimmen. Ich wünsche Ihnen allen sehr, daß Ihnen Derartiges nie zustößt . . . Wenngleich Sie in solchem Fall noch geltend machen können, daß das Leben Ein- bis Dreijähriger aus einer einzigen Kette von Mißgeschicken besteht. Das läßt sich kaum ändern, und das wissen die Besuchten am Ende auch.

Wer hingegen mit Sechs- bis Zehnjährigen anrückt, dem wird die volle Verantwortung für das Benehmen der Kinder aufgeladen. Verhalten sich die Sprößlinge also ungnädig, bekommen sie die Zähne nicht auseinander, wenn sie etwas gefragt werden, lümmeln sie sich in dem einzigen bequemen Sessel herum, kleben sie ihren Kaugummi unter den Kuchenteller, erklären sie lauthals, die Reisedias der Gastgeber nicht sehen zu wollen, oder wandern sie ungeniert durch die gesamte Wohnung, alles anfassend, was auf Kommoden und Regalen seinen Platz hat –, dann gibt es für die genervten Gastgeber nur ein Urteil: diese Kinder sind miserabel erzogen!

Weil die Eltern das wissen, gebärden sie sich vor jedem etwas aus dem Rahmen fallenden Besuch zumeist recht hektisch. Die Kinder werden dringend ermahnt und inständig gebeten, all das nicht zu tun, was sie sowieso nicht tun sollen, aber doch eben immer wieder machen; und andererseits all das *bitte* zu tun, was man ihnen noch nicht zuverlässig anerziehen konnte, also: keine vorlauten Fragen stellen, sich nicht als erster auf den Kuchen stürzen, nicht den Mund mit dem Handrücken abwischen, keinen von den peinlichen Witzen erzählen, die derzeit in der Schule kursieren. Statt dessen aber: beim Husten die Hand vorhalten, denjenigen, mit dem man spricht, *ansehen*, manierlich essen und nicht affig herumalbern.

Sollten die Kinder sich auf den Besuch gefreut haben, bald tun sie's nicht mehr. Erschwerend kommt hinzu, daß sie ihre «guten» Sachen anziehen müssen, wobei sich zumeist im letzten Augenblick herausstellt, daß die Hose zu kurz ist, der Pullover kratzt und die weißen Kniestrümpfe rutschen. Ehe die Mutter sich's versieht, stehen Sohn und Tochter, die fast schon ausgehfertig waren, wieder in Unterhosen herum. Die Stimmung wird explosiv, Kleidungsstücke werden auf Betten geworfen und in Schränke zurückgestopft, irgendwer spricht schließlich ein Machtwort, und wenn die Wohnungstür sich hinter der schon verspäteten Familie schließt, dann haben die Kinder Tränen der Wut in den Augen, laufen steif und staksig, um zu demonstrieren, wie unbequem alles an ihnen sitzt, versuchen die exakt gekämmten Haare wieder in einen natürlichen Fall zu bringen und treten bei der ersten Gelegenheit in eine matschige Pfütze oder Schlimmeres! Am Ziel angekommen, beweisen sie dann aber Charakterstärke; denn während die Eltern ihre schlechte Laune gewaltsam überspielen und den Besuchsnachmittag locker plaudernd eröffnen, bleiben die Kinder ernst und uncharmant, rühren lustlos im Kakao, geben sich eben so, wie sie sich fühlen.

Wie es dann weitergeht, hängt ausschließlich von der Geschicklichkeit der Gastgeber ab; die Eltern haben ihr pädagogisches Pulver verschossen. Warum aber auch diese geballten Erziehungsversuche in letzter Minute? Wenn man jahrelang getan hat, was man konnte und wollte, dann sollte man nun auch vertrauensvoll auf die Wirkung dieser Anstrengungen bauen.

Das heißt – so gänzlich vertrauensvoll waren wir seinerzeit wohl auch nicht. Ich erinnere mich, daß wir neben den Mitbringseln für die Gastgeber auch immer ein paar kleine Überraschungen für unsere Kinder dabeihatten, mit denen sie sich notfalls beschäftigen konnten. In einer Extratasche, genannt «der rote Beutel». Mit den Jahren hatten Gaby und Thomas den Ehrgeiz entwickelt, auf diese Hilfsmittel nur im äußersten Fall zurückzugreifen. Zunächst gaben sie sich alle Mühe, dem Besuch interessante Seiten abzugewinnen, zuzuhören, mitzureden und natürlich mitzuessen. Erst wenn es ihnen unerträglich langweilig wurde, erlösten sie sich mit der unverfänglichen Frage: «Können wir mal in den roten Beutel gukken?» Der enthielt kleine Puzzle- und Geduldspiele, auch mal ein besonderes Kartenspiel oder ein Mickymausheft für jeden. Alles vorsorglich bei günstiger Gelegenheit eingekauft, den Kindern noch unbekannt. Damit zogen sie sich dann zurück und tauchten in der Regel gerade rechtzeitig auf, um an der Verabschiedung freundlich lächelnd teilzunehmen.

Von der Hausfrau herzlich-direkt gefragt, ob es ihr denn nun gefallen habe, sagte Gaby einmal freimütig: «Danke ja, war gar nicht so schlimm, wie wir gedacht haben!» Worauf die Gastgeberin in ihrer Verblüffung «ganz meinerseits» sagte – und wir in völliger Harmonie voneinander schieden.

Natürlich ist es für Kinder nie ein übermäßiges Vergnügen, allein unter lauter Erwachsenen zu sein. Deswegen ist man immer wieder ganz erfreut, wenn man feststellt, daß dieses nette Ehepaar, das man gerade kennenlernte, Kinder hat, die ebenso alt sind wie die eigenen. Wie hübsch! Beide Seiten halten das für ein gutes Vorzeichen, und: «Natürlich bringen Sie Ihre Kinder mit, die können dann schön mit unseren spielen!» Sicher können sie schön zusammen spielen, aber werden sie's auch tun?

Bei den Jüngeren stehen die Chancen gar nicht schlecht. Zwischen vier und acht Jahren ist man noch nicht wählerisch, freut sich über jeden Besuch und hat selbstverständlich auch jederzeit Lust zum Spielen. Zudem bemühen sich die Eltern auch, eine frohe Erwartungsstimmung zu erzeugen: «Am Sonntag kommen ganz reizende Kinder zu uns; und der kleine Junge, denk nur, Christoph, der ist genauso alt wie du! Da könnt ihr wunderbar mit deinem Zirkus spielen!»

An dieser Stelle allerdings melden vorsichtige und um ihr Eigentum besorgte Kinder schon Protest an: Nein, mit dem Zirkus wird auf keinen Fall gespielt! Die fremden Kinder wissen ja überhaupt nicht, wo die Tiere hingehören; vielleicht sperren sie die Ponys zu den Löwen oder sie treten auf die Elefanten! Der Karton mit den Zirkustieren wird gegriffen und weit unter das Bett geschoben. So, da kann der Besuch nicht ran!

Dieser bedauerliche Mangel an Gastfreundschaft mag die Eltern befremden, unter Druck setzen sollten sie ihr Kind deshalb nicht. Schließlich weiß es ja wirklich nicht, was ihm da ins Kinderzimmer stürmen und vielleicht von jedwedem geliebten und gehüteten Gegenstand unbekümmert und ungefragt Besitz ergreifen wird. So sagt man also nur beruhigend: «Natürlich, du kannst vorschlagen, womit gespielt werden soll.» Auf Seiten der anderen Familie gibt es vielleicht auch zaghafte Vorbehalte: «Haben die denn auch schöne Spielsachen? Neulich bei Müllers sollten wir immer nur Mensch-ärgere-dich-nicht spielen!» Auch hier wird man den Zweifeln sachlich begegnen und vorsichtshalber vom eigenen Spielzeug etwas mitnehmen. Da hat man dann gleich etwas zum Vorzeigen, und die anderen Kinder lernen vielleicht ein neues Spiel kennen. Und jetzt noch ein paar Verhaltensregeln? Nein, die kann man sich sparen. Die Kinder sollen sich ja aufeinander freuen; und sollten sie wirklich irgendwelche nie gekannten Aktivitäten entfalten, zum Beispiel ausprobieren wollen, ob man mit Schlittschuhen auch über den Teppich laufen kann – dann wird man bei einigem Glück noch vor Ort rechtzeitig eingreifen können. Und im übrigen kommt es ohnehin ganz anders, als man denkt. Thomas zum Beispiel war einmal dazu ausersehen worden, mit einem siebenjährigen, gleichaltrigen Mädchen zu spielen, das Bekannte mitgebracht hatten. Die Kinder schienen sich auf Anhieb zu gefallen und stiefelten einträchtig ins Kinderzimmer. Als wir längere Zeit nichts von ihnen hörten, gingen wir «nachsehen, was die Kinder treiben», fanden aber nur das kleine Mädchen vor. Das saß mit leuchtenden Augen und roten Backen vor einem ganzen Berg von Bilderbüchern. «Thomas hat ganz tolle Bücher», sagte es begeistert. Thomas selbst, der, wie sich herausstellte, vergebens versucht hatte, seine Spielgefährtin von den Büchern wegzubringen, war einfach zu seinem Freund nach nebenan gegangen. Er kam erst kurz vor dem Abendessen zurück, ließ sich noch ein Weilchen von seinen tollen Büchern vorschwärmen und verabschiedete sich dann sehr zufrieden von seinem Besuch. Beide Kinder versicherten noch nach Jahren, daß dies ein sehr gemütlicher Nachmittag gewesen sei.

Aber auch wenn Kinder auf der Stelle wohlgelaunt und intensiv miteinander zu spielen anfangen, sagt das leider noch nichts darüber aus, wie *lange* sie miteinander spielen werden.

Gewöhnlich dauert der erste Spielschub nicht länger als ein Viertelstündchen, und dann stürmen die hauseigenen wie die fremden Kinder einmütig das Zimmer der Erwachsenen, um irgend etwas Wichtiges mitzuteilen. Entweder verkünden sie, daß sie nicht wüßten, was sie nun noch spielen sollten – alle Spiele sind angeblich schon ausprobiert –, oder sie beklagen sich übereinander. Olaf hat einfach allen Puppen andere Sachen angezogen, und jetzt sehen sie ganz schrecklich aus! Sabine hat mit Bausteinen geworfen und einer ist in die Lampe gefallen, da kommt man nicht ran. Martin ist beim Versteckspielen in den Kleiderschrank gekrochen und weigert sich, herauszukommen, und Ulrike hat unter dem Bett eine Mark gefunden und einfach behalten!

Vermutlich werden nun alle Elternteile gleichzeitig auf die Kinder einreden, jeder auf die seinen, werden sie anweisen, nicht zu zanken, angerichteten Schaden wieder zu beheben und überhaupt *liiieb* zu sein. Die anderen Kinder seien doch auch so lieb! Die Kinder, die auf diese Weise viel Widersprüchliches gehört haben, sehen sich nur etwas verwirrt an und trollen sich wieder. Ihr nächstes Erscheinen kann in etwa zehn Minuten erwartet werden. Die Klagen sind zumeist ähnlicher Art, nur etwas dringlicher. Inzwischen ist es *noch* langweiliger geworden, und außerdem wurde der Beutel mit den Murmeln ausgeschüttet und alle sind weggerollt. Manchmal erbarmt sich an dieser Stelle einer der Erwachsenen, begleitet die Kinder und spielt ein Weilchen mit. Wenn er sich dann im rechten Moment unauffällig zurückzieht, kann es passieren, daß es zwanzig Minuten und länger dauert, bis die Kinder wiederum im Türrahmen stehen. Jetzt haben sie aber wirklich genug zusammen gespielt, und sie streben auf ihre Väter und Mütter zu und demonstrieren Familienzusammenhalt.

Manchmal haben sie sich allerdings auch auf ein Programm geeinigt: Sie wollen raus, sie wollen den alten Kaufmannsladen vom Boden geholt haben oder sie wollen fernsehen! Die Eltern, die für ihr Leben gern das angefangene Gespräch fortsetzen würden, sind durchaus zu Zugeständnissen bereit. Aber «raus»? – und das heißt zumeist «auf die Straße» –, dagegen spricht vieles. Der Kaufmannsladen? Die Mutter protestiert spontan, denn ihr schwant, daß sich in manchen seiner Schubladen noch stark verfremdete Reste von Rosinen, Mehl oder Bonbons befinden, damit will sie jetzt ganz bestimmt nicht konfrontiert werden!

Bliebe allenfalls das Fernsehen, das – wie günstig! – gerade eine Kindersendung ausstrahlt. Aber meistens steht der Fernseher ja just in dem Zimmer, in dem die Erwachsenen sitzen. Womit auch dieser Vorschlag vom Tisch ist. Oder etwa nicht?

Als mein Mann und ich einmal stark verspätet bei einer «gemischten» Gesellschaft eintrafen, da fanden wir im Wohnzimmer nur die einträchtig vor der Sesamstraße sitzende Kinderschar vor, während aus dem Kinderzimmer der Unterhaltungslärm der dazugehörigen Väter und Mütter ertönte. Wir trafen sie auf Kinderbetten und Matratzen sitzend an, Flaschen und Gläser vor sich auf dem Fußboden und in außerordentlich guter Stimmung. Wir setzen uns dazu – und als später eins der Kinder vorsichtig durch die Tür guckte, haben wir alle energisch abgewinkt und den Kindern ein einziges Blumenlottospiel herausgereicht! Und damit haben sie sich bis zum Aufbruch beschäftigt.

Bei alldem sind Kinder eines Tages alt und vernünftig genug, um sich selbständig, ausdauernd und ohne größere Gefühlsausbrüche miteinander zu beschäftigen. Nur haben sie jetzt sehr feste Vorstellungen davon entwickelt, wie jemand zu sein hat, mit dem sie bereit wären, sich abzugeben. Schon der erste mißtrauisch-prüfende Blick entscheidet oft über alle weiteren Aussichten zu fruchtbarer Annäherung. Wo etwa Jeans- und T-Shirt-Träger auf Besitzer von «richtigen» Anzügen und «ordentlichen Kleidern» stoßen, ist diese Barriere allenfalls durch ausgesprochene Sensationen (wie junge Katzen oder imponierende elektrische Eisenbahnanlagen) zu überwinden.

Auch der erste Schritt ins eigene Reich des noch unbekannten Altersgenossen enthüllt mehr, als Erwachsene für möglich halten würden: «Hast du gesehen, was die (der) für saublöde Poster an der Wand hat??»

Es ist nicht zu ändern: ob der letzte Blick vor dem Einschlafen auf einen Pferdekopf oder einen Fußballstar fällt, ob Rocksänger oder Schlagerstar die Tapete verdecken, das sind Unterschiede, die freundschaftliches Miteinander so wahrscheinlich machen wie die Zusammenarbeit zwischen Tierschützer und Großwildjäger! Und wenn dann auch noch die falschen Schallplatten im Regal stehen und am Ende noch gespielt werden sollen ... Musik mag internationale Grenzen überwinden – auf der Schwelle zwischen zwei Jugendzimmern gerät sie ins Stocken.

Lückenlose Sympathien zwischen zwei kompletten Familien sind also äußerst selten. Da mögen sich die Eltern alle gegenseitig interessant und liebenswert finden, da mögen sie auch den dazugehörigen Nachwuchs ins Herz geschlossen haben – wenigstens eins der Kinder wird sich weigern, die Kette des Familien-Harmonie-Spiels zu schließen.

Das muß man auch gar nicht tragisch nehmen, wie uns Gaby einmal klarmachte: «Wenn *ich* eine Freundin besuche», sagte sie, «hab ich euch je aufgefordert, mitzukommen und den Nachmittag mit ihren Eltern zu verbringen?!» – «Das ist etwas ganz anderes», sagten wir sofort, aber inzwischen bin ich dessen gar nicht mehr so sicher ...

Und die Moral von der Geschicht?

Kinder, die schon allein zu Haus bleiben können, haben die Wahl: Mitkommen oder nicht. Wer nicht will, bleibt da.

Ich finde, soviel Fairness ist man auch den Gastgebern schuldig. Sollen sie sich denn die ganze Mühe machen für jemanden, der am liebsten gar nicht gekommen wäre?

Das geht dich gar nichts an!

Vermutlich machen sich die wenigsten Menschen klar, wie dankbar sie sein können, daß Kinder Fragen stellen. Fragten sie nämlich nicht, müßte man unentwegt darüber nachdenken, was alles ihnen noch zu zeigen, zu erklären oder schlicht mitzuteilen wäre. Wobei man in ständigem quälenden Zweifel darüber wäre, ob man nicht irgend etwas ganz Wichtiges vergessen hat. Hat man ihnen je ein Gänseblümchen benannt? Oder die Farbe Beige? Gottlob bewahren uns die Kinder vor solchen Beunruhigungen. Sie erfragen alles, was sie sehen, hören, anfassen, riechen oder schmecken, wir brauchen nur noch zu antworten und können einigermaßen sicher sein, daß sie auf diese Weise die nötige Grundausstattung zum Leben bekommen. Bei alldem gehen wir natürlich mit den Fragen unserer Kinder nicht immer ganz sorgfältig um, gelegentlich sogar ausgesprochen launenhaft. Viele Fragen erscheinen uns überflüssig, manche «zu früh» und andere wiederum empfinden wir als dreist oder sogar indiskret.

Speziell bei Fragen, die uns ganz persönlich betreffen, die antippen an unsere Beziehungen zu anderen Menschen, an unsere Gefühle, unsere Mißerfolge oder unser früheres Leben, werden wir stutzig. Und dann sagen wir, sinngemäß oder auch wörtlich: «Das geht dich gar nichts an!»

Natürlich hängt die Antwort auch vom Ton ab, den das Kind anschlägt, und von der Absicht, die es dabei zu haben scheint. Vielleicht will es uns ja listig in eine Falle locken, will uns nachweisen, daß wir früher «auch nicht besser» waren, und wie kämen wir denn dazu, Bekenntnisse abzulegen, mit denen wir uns vielleicht schaden?? Das verlangt ja nicht einmal der Richter von einem Zeugen! Und überhaupt, alles müssen Kinder nun auch nicht wissen.

Fragt sich nur, bei welcher Gelegenheit und wie oft wir der Meinung sind, daß unsere Kinder nichts angeht, was sie gerade wissen wollen. Der eine blockt schon ab, wenn ein Kind ihn fragt, welche Kosmetika er benutzt, welche Zeitungen er liest oder was sein Hut gekostet hat. Andere müssen wenigstens schon gefragt werden, wieviel sie wiegen oder verdienen, und wie alt sie sind, damit sie die Auskunft verweigern. Aber irgendwo gibt es sicher für jeden von uns einen Punkt, an dem er das Frage- und Antwortspiel nicht mehr mitmacht. Und sei es auch nur, weil der Zeitpunkt vom Kind ausgesprochen instinktlos gewählt wurde.

Gaby zum Beispiel hatte, just nach einer heftigen Auseinandersetzung wegen ihres verspäteten Nachhausekommens, die Idee, mich zu fragen, wie viele Freunde ich eigentlich vor der Ehe gehabt hätte – und da brauchte ich keinen Wimpernschlag lang zu überlegen, um ihr zu versichern, daß sie das nichts angehe! Worauf Gaby, der man nicht nachsagen kann, daß sie je Schwierigkeiten hätte, das letzte Wort zu finden, mich nachdenklich ansah und sagte: «Weißt du – immer wenn einer von euch sagt: ‹Das geht dich gar nichts an›, hab ich das Gefühl, daß es mich sehr viel angeht und daß ich es unbedingt wissen müßte!»

Nun ist die Frage, welche Einzelheiten aus dem Leben eines Menschen einen anderen «etwas angehen», letztlich eine Schlüsselfrage für alle menschlichen Beziehungen. Was muß man erfahren – vom Großvater, vom Nachbarn, vom Kollegen –, um ihr Verhalten und ihre Entscheidungen zu begreifen? Sicher ist, daß jedes Informationsteilchen das Gesamtbild eines Menschen abzurunden hilft; dieses aber auch nur dann, wenn wir aus allen Lebensbereichen etwa gleich viel erfahren. Erschöpfende Auskünfte aus dem Arbeitsbereich und kaum eine Mitteilung aus dem Privatleben – das ergäbe ein ebenso verschobenes Gesamtbild wie im umgekehrten Fall. Und so gesehen haben Kinder, was die Person ihres Vaters und ihrer Mutter angeht, zumeist ganz erhebliche Informationslücken. Wenn ihnen das erst einmal bewußt wird, fangen sie sehr schnell an, auch für sich selbst eine «Tabuzone» abzustecken. Dann antworten sie auf Fragen, die sich auf ihre schlechte Laune, ihr Insichgekehrtsein, ihre auffällige Schweigsamkeit beziehen, nur noch ausweichend: «Mit mir ist gar nichts weiter, laß mich doch in Frieden.»

Sicherlich haben auch schon Kinder einen abgeschirmten Bereich, zu dem es nur schwer einen Zugang gibt und vielleicht auch gar nicht geben muß. Nur sollte sich dieser Bereich nicht so weit ausdehnen, daß die Eltern schließlich von jedem Erlebnis und jedem Orientierungsversuch ausgeschlossen und «draußen» stehengelassen werden. Zumal hinter solchen Trennmauern gerade die Dinge liegen, bei denen die Kinder Beistand oder Zuspruch brauchen würden.

Thomas berichtete uns einmal mit allen Anzeichen der Besorgnis, daß sein Freund Rudi von einem älteren Jugendlichen eine ziemlich hohe Geldsumme angeboten bekommen habe für eine noch nicht näher bezeichnete Gegenleistung. «Rede lieber erst mal mit deinen Eltern darüber», hatte Thomas vorgeschlagen, darauf aber nur die hier schon hinlänglich strapazierte Antwort bekommen: «Das geht die gar nichts an!» Immerhin war von Rudi auch der Grund seiner Verschwiegenheit zu erfahren. Von Thomas nochmals zum offenen Gespräch mit den Eltern gedrängelt, hatte er nur kurz und bündig gesagt: «Die erzählen mir ja auch nie was.»

Es besteht fraglos eine ganz allgemeine Unsicherheit darüber, was einen anderen Menschen im Einzelfall etwas angehen könnte und was nicht. Anderenfalls würden nicht so viele Menschen eine Anfrage oder eine Mitteilung mit den Worten beginnen: «Es geht mich ja nichts an, aber ...» und dann folgt etwa der Hinweis, daß der siebenjährige Sohn des Angesprochenen am Vormittag, wenn er eigentlich in der Schule sein müßte, immer auf dem Spielplatz anzutreffen ist.

Über die persönliche Einschätzung einer Situation hinaus hat das Gefühl dafür, was als unerwünschte Einmischung zu betrachten ist, auch immer etwas mit Abhängigkeit auf der einen und Macht auf der anderen Seite zu tun. (Schließlich ist man sich bis zum heutigen Tage noch nicht ganz einig darüber, ob und wann sich ein Arbeitgeber für das Privatleben des von ihm Abhängenden interessieren darf.) Und die Eltern in ihrer allmächtigen Überlegenheit glauben vielfach eben auch, daß sie alles angeht, was sich in Kopf oder Herzen ihrer Kinder abspielt – ohne daß sie deshalb auch nur den kleinsten Blick in ihr eigenes Innenleben gestatten würden. Obwohl Kinder doch fast bei allem, was ihre Eltern angeht, mitbetroffen sind; auch und gerade bei allen Problemen, die die Eltern untereinander haben.

Was natürlich nicht heißen soll, daß man Kinder in alle Schwierigkeiten mit hineinziehen dürfte, in denen die Erwachsenen selbst noch bis zum Hals drinstecken! Natürlich müssen vorliegende Tatbestände sortiert und für das jeweilige Alter der Kinder präpariert werden. Natürlich kann man einem fünfjährigen Jungen nicht sagen, daß die Eltern eigentlich lieber ein Mädchen gehabt hätten; aber irgendwann einmal wird auch diese Auskunft sinnvoll für das Kind sein und ihm helfen, seine Eltern besser zu verstehen.

Alles in allem also sollte man den Bereich, den man vor seinen Kindern geheimhält, doch mehr und mehr schrumpfen lassen. Und sollten unsere Söhne und Töchter mit zunehmender Abrundung ihres Elternbildes die eine oder andere Illusion verlieren, so gewinnen sie dabei doch an Lebenserfahrung. Und das kann ihnen nur nützen. Kurzum: Es geht mich ja nichts an – aber seien Sie doch einfach Ihren Kindern gegenüber so aufrichtig wie möglich!

Alles hat seinen Preis

Ich will mal ganz hoffnungsvoll annehmen, daß den meisten Eltern heutzutage nicht mehr das blind-gehorsame, ordentlich-fleißige Kind als Ziel ihrer Bemühungen vorschwebt, sondern das aufgeschlossen-selbstsichere, das mit jedem Lebensjahr besser imstande ist, selbständig zu denken, zu reden und zu handeln!

Wenn alles halbwegs gutgeht, dann haben die Eltern dieses Kind eines Tages auch leibhaftig vor sich: Ein Kind, das nicht in Panik ausbricht, wenn es feststellt, daß es den Riegel der Badezimmertür nicht mehr aufschieben kann, sondern das sich gefaßt anhört, welche Ratschläge man ihm durchs Schlüsselloch gibt; ein Kind, das nicht ratlos vor sich hinjammert, wenn es entscheiden soll, ob es lieber zum Kindergeburtstag gehen oder mit den Eltern einen Ausflug machen will; ein Kind, das von selbst auf die Idee kommt, kleinen Geschwistern etwas zu essen zu geben, wenn es merkt, daß die Eltern nicht rechtzeitig nach Haus gekommen sind.

Und mit einem solchen Kind sind die Eltern also glücklich und zufrieden. Sind sie es wirklich?

Wir kamen einmal mit Freunden von einer gemeinsamen Wochenendfahrt zurück. Es war spät geworden und bereits stockdunkel; die Fahrt war beschwerlich gewesen, unser Freund, der am Steuer gesessen hatte, war müde. Bei ihm zu Hause angekommen, sprang der fünfjährige Axel als erster aus dem Wagen: «Ich mach schon auf!» bot er an und wurde mit dem etwas komplizierten Öffnen des eisernen Einfahrttores auch ganz geschickt fertig. Seinem Vater allerdings war diese Hilfeleistung entgangen. Er stieg aus dem Auto, ging seinerseits auf das vermeintlich noch geschlossene Tor zu und rannte prompt mit dem Kopf gegen eine Ecke des Gitters.

Darauf stieß er einen wilden Fluch aus, schrie nach einem Taschentuch, stellte fest, daß er aus einer Stirnwunde blutete und beruhigte sich langsam wieder. «Wer hat denn das Tor schon aufgemacht?» fragte er gefaßt und blickte nacheinander alle in Frage kommenden Erwachsenen an. Als sich indes sein Sohn zu dieser Tat bekannte, verfinsterte sich sein Gesicht erneut: «Natürlich! Du mußt deine Finger ja überall haben! Kannst du nicht abwarten, bis man dir sagt, was du tun sollst? Und jetzt laß das Gepäck stehen», fuhr er gleich fort, «und mach, daß du rein kommst! Du hast gerade genug angerichtet!» Axel, den Tränen nahe, ließ Taschen und Regenschirme, mit denen er sich schon beladen hatte, auf die Straße fallen und rannte weg; worauf unser lädierter Freund Anstalten machte, hinterherzuspurten. Dabei war ihm aber mein Mann im Wege, der die Taschen und Schirme aufpickte und dabei ein unüberhörbares Selbstgespräch führte: «Ja, ja», sagte er seufzend, «das waren noch Zeiten, wo die Kinder sich nicht vom Fleck rührten, bis ihnen der Vater sagte, daß sie aufstehen durften! Niemals hätten die sich erfrecht, eigenmächtig vorauszudenken und etwa schon das Tor zu öffnen! Aber heute? ‹Ich mach schon das Tor auf›, sagen sie ihrem Vater glatt ganz dreist ins Gesicht, und ...»

«Nun hör schon auf, es reicht», unterbrach unser Freund und bemühte sich nicht ganz erfolglos um ein Grinsen, «natürlich hab ich dämlich reagiert, das kam durch den Schreck und das Blut. Ich bring das schon in Ordnung mit dem Jungen.» – «Ich verpflastere dir auch gleich die Stirn», sagte Gaby beruhigend, «sieht gar nicht schlimm aus»; und in die folgende Stille der allgemeinen Erleichterung hinein bemerkte Thomas nachsichtig: «Bei Gesichtsverletzungen soll man immer unter einem starken Schock stehen, hab ich gelesen. Da ist man für sein Verhalten gar nicht voll verantwortlich!»

«Besten Dank, zu gütig», entgegnete mein Freund, und wir konnten ihm nachfühlen, daß er für den Augenblick auch auf *dieses* selbstsichere, eigenständig denkende Kind gern verzichtet hätte.

Von Natur aus fällt es Kindern schwer, vorauszudenken. Sie überlegen nicht, was passiert, wenn man den Eltern auf dem Rummelplatz wegläuft, wenn man seinen Lehrer in der Klasse einschließt oder wenn man ein Tablett mit Gläsern vom hohen Büffet runterzunehmen versucht. Es ist einfach nicht kindgemäß, spontane, lebendige Einfälle gleich wieder sterben zu lassen, nur weil bei gründlichem Nachdenken ein gewisses Risiko nicht auszuschließen wäre! Es ist also gar nicht leicht, die Fähigkeit zum Vorausdenken in Kindern zu wecken und weiterzuentwickeln.

Erlebt man daher eines Tages, daß der Achtjährige seinem Bruder dringend und erfolgreich davon abrät, fünf Minuten vor Antritt der Sommerreise noch das Kaninchen zu baden, oder daß die Zehnjährige aus eigenem Antrieb am Wandertag ein Paar feste Schuhe anzieht, obwohl sie sie als unkleidsam empfindet – dann ist man entsprechend hochgestimmt! Offenbar haben die Kinder wirklich begriffen, daß der Mensch nicht in den Tag hineinleben kann wie eine junge Katze. Und irgendwann kommt es sogar noch besser: dann entdecken wir, daß die Kinder nicht nur ihre eigenen Angelegenheiten prüfend überdenken, sondern daß sie anfangen, auch für andere mitzudenken.

Da kommt etwa die Mutter verspätet und abgehetzt nach Haus, und siehe, Sohn oder Tochter haben schon den Tisch gedeckt und die Kartoffeln aufgesetzt. Oder man hat Wäsche zum Trocknen auf den Balkon gehängt, und während man unterwegs ist, fängt es an, wie aus Kübeln zu gießen. Das bedeutet erfahrungsgemäß, daß die Wäsche nicht nur wieder naß, sondern auch wieder dreckig geworden ist, und man betritt entsprechend miesgelaunt die Wohnung. Aber, o Wunder, das zu Haus gebliebene Siebenjährige hat alle Wäschestücke rechtzeitig ins Zimmer geholt! Mütter und Väter sind des Lobes voll, nur weiter so!

Allerdings darf sich das Kind nicht verkalkulieren bei seiner vorausschauenden Hilfsbereitschaft. Sobald es in eigener Verantwortung handelt, liegen Erfolg und Mißerfolg, Lob und Tadel beängstigend dicht beieinander.

Hat zum Beispiel das mitdenkende Kind die tiefgefrorene Pizza vorsorglich aus dem Gefrierfach genommen – ohne zu wissen, daß der zum Pizzaessen geladene Besuch am Vormittag abgesagt hat –, dann wird es sich schwerlich Lob einhandeln. Und unser Nachbarsohn Michael löste durch sein umsichtiges Verhalten sogar einen handfesten Familienkrach aus. Er hatte beim Nachhausekommen einen Zettel vorgefunden: «Fahre zu Oma, bis gleich, Mama.» Nun aber brauchte Michael, eines nicht aufzufindenden Fußballhemdes wegen, seine Mutter nicht «gleich», sondern sofort, und obwohl die Oma kein Telefon hatte, gelang es ihm mit Hilfe eines Sportsfreunds, einen Kurier zu entsenden. Der allerdings konnte nur vermelden, daß die Mama bei der Oma nicht eingetroffen war. Michael, die väterlichen Unkereien über die noch sehr frischen Autofahrkünste der Mutter gut im Kopf, bekam einen gewaltigen Schreck und startete eine umfängliche Suchaktion. Bis alle Freunde und näheren Bekannten, allen voran der Vater auf seiner Arbeitsstelle, in angemessene Aufregung versetzt waren. Nach einem Weilchen dann kam Michaels Mutter arglos und wohlgelaunt und völlig unbeschädigt nach Haus. War sie nun dankbar für all die Beweise selbständigen Denkens und Handelns? Nein, sie war außer sich: «Kann man nicht mal zwei Stunden aus dem Haus gehen, ohne daß einem nachspioniert wird??» fuhr sie ihren tüchtigen Sohn an, und als der seine Rechtfertigung mit den bekannten Worten begann: «Aber ich dachte doch ...» da wurde ihm klipp und klar bedeutet: «Spar dir das Denken! Du siehst ja, was dabei herauskommt!»

Eins ist mal sicher: Solche Pannen sind für die Betroffenen immer erst dann komisch, wenn sie eine Weile vorbei sind.

Auch wir waren seinerzeit nicht entzückt, als unsere Vierjährige aus eigenem Antrieb beschlossen hatte, den Wohnzimmerteppich zu saugen. Wir fanden sie in einer einzigen atemraubenden Wolke wieder, inmitten einer mit gleichmäßigem Grau überzogenen Einrichtung. Weil sie noch nicht wußte, daß ein am falschen Ende eingesteckter Schlauch nicht Staub saugt, sondern Staub pustet...

Und es war uns auch gar nicht recht, daß Thomas unlängst so prompt auf die aus unserem Küchenfenster dringenden schwarzen Qualmschwaden reagierte, daß wir fünf Minuten später die Feuerwehr im Haus hatten. Dabei hatte mein Mann mir nur beweisen wollen, daß er den alten, seit zwanzig Jahren nicht mehr benutzten Kohleherd jederzeit zum Brennen kriegen würde. Aber wir haben uns bemüht, an all die kleineren und mittleren Katastrophen zu denken, die unsere so fabelhaft selbständig denkenden Kinder immerhin auch schon verhindert hatten: Die wichtige Adresse riefen wir uns ins Gedächtnis zurück, die wir verbummelt, eins der Kinder aber vorsorglich notiert hatte; den durchs Autofenster nachgereichten Paß, das abgedrehte Badewasser, das abgeschaltete Bügeleisen, die rettende Frage: «Hattet ihr nicht für heute abend die Klingenbergs eingeladen??»

Nein, es bleibt dabei: *nicht*verantwortliches, gleichgültig-passives Verhalten stellt letzten Endes das viel größere Risiko für alle dar. Also sollten wir die gute Absicht der Kinder immer höher bewerten als das vielleicht mißlungene Ergebnis. Es ist unfair, das ganze Risiko einer Entscheidung auf ihre Schultern wälzen zu wollen, nur weil wir den Preis nicht zahlen wollen für ein Endergebnis, das billiger nicht zu haben ist.

Kommt Ihr Kind also demnächst einmal nach Hause und sagt beiläufig: «Ich hab dich übrigens für nächsten Dienstag um 18 Uhr beim Zahnarzt angemeldet. Du gehst ja sonst doch wieder nicht hin ...» dann regen Sie sich bitte nicht auf!

Solche Handlungsweise vereint das ausgeprägte Verantwortungsgefühl des Kindes mit einem richtig kalkulierten positiven Ergebnis. Und was wollen Sie mehr?

Man muß auch verzichten können

Eigentlich hatten die Eltern versprochen, mit Sabine ins Kindertheater zu gehn; aber nun ist der Großvater plötzlich krank geworden ...

Peter sollte zum Geburtstag ein Fahrrad bekommen, aber jetzt stellt sich heraus, daß sein älterer Bruder aus sämtlichen Sachen herausgewachsen ist. Man muß von den Schuhen bis zum Wintermantel alles neu kaufen für ihn, da muß das Fahrrad noch warten; und Monika hatte schon die Erlaubnis, am Wochenende ein Fest zu geben – da hat sich unerwartet Logierbesuch angesagt. Mit dem Fest paßt es jetzt gar nicht ...

Wenn in solchen und ähnlichen Fällen die betroffenen Kinder Schwierigkeiten machen, wenn sie uneinsichtig auf ihrem angeblichen Recht bestehen oder auch nur unaufhörlich jammern und sich völlig vernichtet gebärden – also dann sind Eltern wirklich enttäuscht! Kann das Kind denn nicht einsehen, daß man auch mal verzichten muß?! Kann es keine Rücksicht nehmen auf andere? Hat man etwa einen gräßlichen kleinen Egoisten großgezogen, der jetzt und später nur an sich selbst denken wird?

Es ist natürlich nicht verkehrt, daß Eltern sich Gedanken in dieser Richtung machen, denn schließlich kommt kein Mensch in seinem Leben um Verzichtleistungen herum. Man muß es also lernen, das Zurückstellen eigener Wünsche und Ansprüche zugunsten anderer. «Lernen» aber, vergessen wir das nicht, ist ein Vorgang, der sich in einem zeitlichen Ablauf bewegt, gestützt auf Belehrung, eigene Erfahrung *und* Vorbild!

Wobei das Vorbild in der eigenen Familie am eindrucksvollsten wirkt. Wenn Kinder, sagen wir, miterleben, daß das

Familienauto ohne große Diskussion immer demjenigen überlassen wird, der es gerade am dringendsten braucht (und nicht dem, der sich am schnellsten mit den Autoschlüsseln aus dem Staub macht); wenn sie sehen, daß man sich den knapp geratenen Nachtisch großmütig gegenseitig zuschiebt – wenn sie beobachten können, wie der Vater auf seinen Fernsehkrimi verzichtet, um der Mutter bei einer Arbeit zu helfen, während die Mutter, ohne mit der Wimper zu zukken, ihre Theaterkarte verfallen läßt, wenn ein Familienmitglied sich plötzlich mit Fieber und Schmerzen ins Bett legt – wenn Kinder dergleichen miterleben, dann haben sie schon eine gute Grundlage für die ersten eigenen «Opfer», die gebracht werden müssen.

Auf jeden Fall haben sie dann kein Recht, sich empört und beleidigt zur Wehr zu setzen, wenn man ihre Pläne durchkreuzen will: «Wieso muß gerade *ich* zu Haus beim Baby bleiben?! Wieso nicht jemand anderes??» Eine solche Frage läßt sich am einleuchtendsten beantworten, indem man sagt: «Weil alle anderen schon viel öfter beim Baby geblieben sind.» Das muß dann natürlich auch stimmen.

Es gibt viele Arten von Verzicht. Er wird mit kleiner Tagesmünze bezahlt, mit großem Einsatz oder mit dem ganzen Lebenskapital. Man kann auf Vergnügen verzichten oder auf Freizeit, auf Vorteile, Karriere oder Hilfe, und sogar auf einen Menschen, den man liebt.

Das alles kommt später; was indes von Kindern von allem Anfang an verlangt wird, ist der sogenannte «Triebverzicht». Das bedeutet, sie sollen etwas unterlassen, was sie aus tiefstem Bedürfnis wollen und eigentlich auch dürfen müßten: sie wollen sich bewegen und sollen stillsitzen, sie wollen reden und sollen schweigen, sie wollen etwas untersuchen und sollen es nicht anfassen. Sie möchten bei den Eltern auf dem Schoß sitzen, die Eltern haben zu arbeiten; sie möchten unter Menschen sein, sie werden allein gelassen. Zusammengenommen: Die Kinder sollen lernen, sich zu beherrschen, sich abzufinden.

Um das zu können, bedarf es der Einsicht. Schließlich will man sein Kind ja erziehen und nicht dressieren. Und um etwas einsehen zu können, muß man es verstehen. Das Kind muß also begreifen, *warum* es nicht spielen, nicht laut sein, nicht herumlaufen soll.

Überflüssig, zu erwähnen, daß Säuglinge und Kleinstkinder überhaupt noch nichts einsehen können – obwohl einem ja immer wieder Eltern begegnen, die ihren Ein- bis Zweijährigen «eins hintendrauf» geben, weil sie weggelaufen sind oder weil sie etwas angefaßt haben.

«Es weiß schon ganz genau, daß es das nicht machen darf!» bekommt man zu hören, wenn man sich diplomatisch, aber unerschrocken in einen solchen Vorgang einmischt, und diese Feststellung ist noch nicht einmal ganz falsch. Auch das Eineinhalbjährige kann aus Erfahrung schon wissen, daß es sich mit «Weglaufen» Unannehmlichkeiten zuzieht, aber es ist eben noch absolut unfähig, seinen Bewegungstrieb zu unterdrücken.

Sehr langsam nur und parallel zur sprachlichen Verständigung mit den Eltern wächst die Möglichkeit zur Einsicht. Und wenn diese Einsicht für einen glatten Verzicht auch noch lange nicht ausreicht, so doch wenigstens für einen Aufschub. Mit der Mutter spielen? Nicht jetzt, aber ein bißchen später. Die Oma besuchen? Nicht heute, aber morgen. Sofern Eltern die Versprechungen einhalten und das Kind für seine Geduld gelobt wird, kann der Aufschub eines Wunsches sogar zu einem höchst befriedigenden Erlebnis werden. In der Wartezeit ist schließlich auch die Vorfreude angesiedelt.

Mit Thomas jedenfalls, der mir täglich in den Ohren lag mit seinem «Fährst du mit mir raus?» (was für mich in doppeltem Sinne «raus» bedeutete, nämlich auch ein Sichrausreißen aus allen eigenen Vorstellungen, weil das «Fahren» sich auf eine respektable Strecke bezog) und der zumeist auf längere Zeit vertröstet werden mußte, erlebte ich einmal Folgendes: Eines Tages hatte er um einen Badeausflug gebeten,

Verzichten…

just in dem Moment, in dem ich das selbst vorhatte, so daß ich nur kurz sagte: «In Ordnung. Pack deine Sachen zusammen, wir können gleich losfahren.» Darauf sah er mich geradezu betreten an. «Was ist?» fragte ich. «Hast du nun doch keine Lust?» – «Doch, doch», beeilte sich Thomas zu versichern, «bloß ... so schnell ... da hat man ja gar keine Zeit mehr, sich drauf zu freuen!»

Wer mehrere Kinder hat, wird bald feststellen, daß trotz gleicher Behandlung und trotz des garantiert gleichen Vorbildes das eine Kind viel leichter verzichten kann als das andere. Kommt es dazu, daß ein Wunsch verweigert, ein Vergnügen verschoben, eine Zusage zurückgenommen werden muß, dann seufzt das eine Kind nur einmal kurz auf und sagt: «Schade», während das andere sich schluchzend aufs Bett wirft und ein drittes sich mit aller Überredungskunst hartnäckig bemüht, diese Katastrophe noch abzuwenden!

Keine Frage, bequemer ist allemal jenes Kind, das sich in seinen Erwartungen schnell umstellen und «vernünftig» reagieren kann. Das «bessere» Kind, das soll heißen: das Kind mit der tieferen Einsicht und dem besseren sozialen Verhalten, muß es deshalb keineswegs sein. Weil es nicht zuletzt auch eine Frage des Temperamentes und der Lebensintensität ist, wie schwer jemand von einem Verzicht getroffen wird.

Wer sein Leben bewußter vorausplant, wer die stärkere Vorstellungskraft, den größeren Gestaltungswillen besitzt, wer im speziellen Fall der größere «Genießer» ist, der hat, wenn seine Pläne durchkreuzt werden, eben auch mehr verloren. Und sein Verzicht, wenn er sich mit Anstand dazu durchgerungen haben sollte, ist dann eine viel höher zu bewertende Leistung.

Wir, zum Beispiel, mußten einmal die schon in allen Einzelheiten geplante Sommerreise abblasen. Als wir den Kindern das mitteilten, sagte Thomas ganz männlich-gefaßt: «Ist ja nicht so schlimm, verreisen wir eben nächstes Jahr wieder», wofür er aufs höchste gelobt wurde. Seine Schwester hingegen machte ein ausgesprochenes Drama aus der Geschichte. Ein Drama, dem sie mit aller Gewalt noch ein Happy-end ankleben wollte. Dann würde sie eben allein losfahren, trampen, sich irgendwo Geld borgen! Wir waren entsprechend verärgert. Bei näherem Betrachten sah die Sache dann so aus, daß Thomas überhaupt keine Lust zum Verreisen gehabt hatte, weil er sich von seinem frischerworbenen Kaninchen nicht trennen wollte; während Gaby schon das ganze Jahr darauf gehofft hatte, ihren heimlichen Schwarm vom letzten Jahr an gleicher Stelle wiederzutreffen.

Der moralische Wert, der hinter einem Verzicht steht, kann also leicht über- oder unterbewertet werden, weshalb Eltern sich niemals zu Bemerkungen hinreißen lassen sollten wie: «Du wirst doch *einmal* am Sonnabend zu Haus bleiben können! Nimm dir ein Beispiel an deinem Bruder (deiner Schwester), macht der vielleicht so ein Theater??»

Nein, der macht kein Theater; aber vielleicht wollte er ohnehin am liebsten an seiner angefangenen Zeichnung weiterarbeiten?

Und dann noch etwas zum Schluß: Sollten Sie jemals auf ein Kind stoßen, das jederzeit widerspruchslos seine Ansprüche aufgibt, seine Wünsche zurückstellt und auf eigene Pläne verzichtet – dann gehen Sie der Sache bitte schnellstens nach! Im Grunde kann es sich nur um ein zutiefst entmutigtes, vielfach enttäuschtes Kind handeln, das sich vorsichtshalber auf gar nichts mehr freut und nichts für sich erhofft. Und diesem Kind muß dann dringend geholfen werden.

Man blamiert sich ja mit dir!

Es war an einem Sonntagnachmittag. Die Familie steuerte ein Waldlokal an; die zwei Kinder immer brav zwischen den Eltern. Alle waren sonntäglich gekleidet, am feinsten aber war das etwa vierjährige kleine Mädchen: weiße Strumpfhosen, rosa Kleid, weißes Jäckchen, und sogar eine ganz altmodische rosa Schleife hatte es im Haar. Kurz vor dem Lokal fing der etwas ältere Junge an zu rennen, die Kleine rannte mit, stolperte und fiel hin. Fiel auf dunkle, vom letzten Regen noch feuchte Erde, schlidderte ein bißchen, drehte sich beim Aufstehen noch einmal um sich selbst, stand und lachte und rief den Eltern beruhigend zu: «Hab mir gar nicht weh getan!» Und nun dürfen Sie dreimal raten, ob die Eltern wohl erleichtert waren, daß weiter nichts passiert war!

Richtig geraten. Sie waren es mitnichten; sie waren im Gegenteil völlig außer sich. Die Mutter rieb erregt und zornig an sämtlichen Kleidungsstücken des Kindes herum – was die Sache kaum besserte –, der Vater verkündete laut und endgültig, daß es nun kein Eis gebe, für niemanden! –, der Junge protestierte wütend, *er* sei doch nicht in den Dreck gefallen! –, worauf die Mutter die Begründung für den allgemeinen Eisverzicht nachlieferte: «So können wir da nicht mehr reingehen; man blamiert sich ja!»

Am Ende sah man die Eltern, zwei heulende Kinder hinter sich herzerrend, auf dem Rückmarsch.

Ein anderes Ehepaar, das mit seinen schon älteren Kindern bereits bei Kaffee und Kuchen saß und dieses abrupte Ende eines Familienausflugs miterlebt hatte, geriet in sympathische Empörung. «Das glaubt man ja nicht, was Eltern alles mit ihren Kindern anstellen», sagte der Mann mit kräftiger Stimme und in der deutlich erkennbaren Hoffnung, die Retirierenden damit noch zu erreichen, «jetzt darf ein kleines Kind nicht mal mehr hinfallen! Bloß weil die Mutter es so rausgeputzt hat! Seit wann blamiert man sich, wenn Kinder sich wie Kinder benehmen??»

«Was hat so ein Kind überhaupt von einem Ausflug, wenn es sich gar nicht rühren darf?» sagte die Tochter mitleidig und blickte ganz dankbar auf die eigenen ausgefransten Jeans. Auch die Mutter fand bedauernde Worte für die um den Sonntagsspaß gebrachten Kinder und übte Kritik an all jenen Eltern, die ihren Nachwuchs zum Aushängeschild für die eigene Untadeligkeit machen wollen.

Lediglich der vielleicht vierzehnjährige Junge hatte stumm seine Schlagsahne weitergelöffelt und offenbar an etwas ganz anderes gedacht. Aber das täuschte; denn nach einer Weile sah er seinen Vater an und sagte sehr nachdrücklich: «Du hast mir auch schon vorgeworfen, daß ich euch blamiere.» «Was hab ich?!» fragte der Vater, wechselte augenblicks das Ziel seiner Angriffe und fixierte den Sohn mit ärgerlichem Blick. «Jawohl, genau», beharrte der Junge, «bei meinem letzten Zeugnis hast du gesagt: ‹Zeig das bloß nicht Tante Beate; man blamiert sich ja.› Hast du gesagt!» – «Erlaube mal, das ist auch etwas völlig anderes», sagte der Mann und drückte seine gerade erst angerauchte Zigarette wieder aus. Doch der Junge hatte gründlicher nachgedacht, als vermutet. «Das ist überhaupt nichts andres», widersprach er, «man hat eben auch mal ein schlechtes Zeugnis, genauso, wie man mal hinfällt. Und wenn *du* dich dann blamiert fühlst, dann soll ich doch auch bloß ein Aushängeschild sein!» «Du sollst kein Aushängeschild sein», erklärte der Vater, langsam wütend werdend, «du sollst dich ein bißchen mehr anstrengen! Schließlich hast du genug Verstand.» – «Und wenn nicht? Wenn ich nicht genug Verstand habe?» bohrte der Sohn weiter. «Blamiere ich dich dann?» – und während sein Vater schon den Ober zum Bezahlen heranwinkte, faßte er noch einmal zusammen: «Dreckige Klamotten oder Fünfen auf dem Zeugnis – wo ist denn da der Unterschied?»

Eine Kinderärztin bekannte unlängst, daß sie immer etwas voreingenommen sei gegen jene Mütter, bei denen sie ein supergepflegtes Einjähriges in einer makellosen Umgebung vorfinde. «Wenn im Umkreis eines Krabbelkindes kein Stäubchen, kein Krümelchen, kein Fleckchen zu finden ist, dann *muß* die Mutter einfach zu viel Energie an Äußerlichkeiten verschwenden. Und das tut sie fraglos nicht für das Kind, dem das egal ist, sondern für sich selbst. Für ihr Image als Mutter.»

Das ist mal sicher: Kinder, die herumgeknuddelt und von den Geschwistern angefaßt oder gefüttert werden, die auch mal selbst nach einem Keks greifen oder in den Blumentopf fassen dürfen, die sehen, einschließlich ihrer gesamten Habe, niemals so frisch gereinigt aus. Und wie wird das überhaupt weitergehen mit ihnen? Der Verdacht, daß übertrieben gepflegte Kleinkinder sich auf eine Erziehung zu permanentem Wohlverhalten gefaßt machen müssen, liegt zumindest nahe.

Dabei können sich Kinder unter Erwachsenen gar nicht «wohlverhalten» im Sinne von: «unauffällig» benehmen. Kinder werden auf irgendeine Weise immer «auffallen», weil sie sich nun mal anders verhalten als Erwachsene: Beweglicher, spontaner, neugieriger, risikofreudiger. Es sei denn, es ist gelungen, ihnen einzureden, daß Kinder keine Fehler, keine Ungeschicklichkeiten, keine Dummheiten machen können, ohne daß ihre Eltern sich vor Scham winden müßten!

In Gabys Klasse ging einmal ein Mädchen, das recht begabt Klavier spielte. Bei einer Schulfeier sollte sie denn auch etwas zum besten geben. Sie war einverstanden, die Proben verliefen zur allgemeinen Zufriedenheit, und das Kind war guter Dinge. Am Aufführungstag selbst aber war das Mädchen plötzlich nicht imstande, auf die Bühne zu gehen. Die Darbietung mußte ausfallen. Was war passiert? Der Vater der

Kleinen hatte, bevor er sich auf seinen Platz in der Aula begab, seiner Tochter noch einmal auf die Schulter geklopft und eindringlich gesagt: «Nun blamier uns aber nicht!»

Je unattraktiver das Verhalten eines Kindes ist, desto leichter fühlen sich die Eltern vor aller Welt bloßgestellt. Unattraktiv ist unter anderem auch: Angst haben. Angst vor größeren Kindern, vor Tieren, vor dem Klettergerüst, vor dem Wasser. In jeder Badesaison kann man sportliche Väter mit ihrem Kind auf dem Arm zügig ins Wasser schreiten sehen, entschlossen, eine richtige Wasserratte aus dem Nachwuchs zu machen. Aber wenn das Kind sich fürchten und am Ende ganz von Sinnen gebärden sollte, weil der Vater nicht abläßt, es hüpfend immer wieder bis unter die Nase einzutauchen, dann kann man auch hier zu hören bekommen: «Hör auf, dich so anzustellen! Man blamiert sich ja mit dir!»

Man möchte solche Eltern immer vorsorglich darauf hinweisen, daß – wenn sie sich derart von der Reaktion und dem Urteil anderer Menschen abhängig machen – ihnen noch so einiges bevorsteht. Je älter und selbständiger ein Kind wird, desto vielfältiger werden auch seine Möglichkeiten, den Eltern «Schande» zu machen. Ich brauche nur das Stichwort «Kleidung» oder «Haare» zu geben, und jeder wird Bescheid wissen.

Gleichzeitig erweist sich aber verblüffenderweise, daß die erzieherische Saat nicht nur auf steinigen Boden gefallen ist; denn jetzt, sieh mal an, fühlen sich die Kinder ihrerseits blamiert, wenn jemand aus dem Familien- oder Freundeskreis geschmacklich ausschert oder überhaupt irgendwie aus dem Rahmen fällt.

«So kann ich dich unmöglich mit auf das Fest nehmen», entschied der sechzehnjährige Martin kurzerhand, als sein zu Besuch weilender Vetter sich in froher Erwartung feingemacht und ausgehbereit zur Stelle meldete. «Mit Schlips und Kragen, Mann! Da blamier ich mich ja!»

Keine Frage, daß eine gewisse Anpassung an die Gepflogenheiten der engeren Umwelt auch hier anzuraten gewesen wäre. Aber warum in aller Welt konnte Martin nicht einfach sagen: «Du, die andern haben garantiert alle Jeans und T-Shirts an oder so was. Soll ich dir nicht lieber was von mir borgen?» Und um es ganz deutlich zu machen, hätte er noch hinzufügen können: «*Mir* ist egal, was du anhast; aber du wirst dich vielleicht nicht so wohl fühlen in dem Anzug.» Dann wäre die Frage der «Blamage» nämlich an der Stelle, wo sie im Zweifelsfall hingehört: beim Verursacher.

Das schlimme ist: Wenn man erst einmal damit anfängt, sich durch Auffälligkeiten oder Unzulänglichkeiten anderer «blamiert» zu fühlen, dann geht es immer so weiter und endet vielleicht bei purer Unmenschlichkeit. Da ziehen etwa Nachbarn ein mit einem schwerbehinderten Kind. Wird man sich genieren, der plötzlich erkrankten Mutter das Kind abzunehmen, mit ihm auszufahren?

Weitere Beispiele in dieser Richtung mag sich jeder selbst ausdenken.

Neulich fühlte ich mich mit einem Schlage ins 19. Jahrhundert zurückversetzt: Als eine junge Frau ihre Eltern davon in Kenntnis setzte, daß sie ihr Studium aufgeben, sich mit einem Handwerker zusammentun und mit ihm gemeinsam arbeiten wolle, da sagte ihre Mutter ganz entsetzt: «Aber Kind, das wirst du uns doch nicht antun!» Uns!

Ich fürchte, Eltern, die ihren Kindern bei jedem Anlaß zu verstehen geben, daß sie Ruf und Ansehen des Hauses gefährden, die übersehen da etwas: Daß sie es nämlich eines Tages selbst sein könnten, von denen die eigenen Kinder genierlich abrücken. Weil sie nicht mehr «in die Zeit» passen, etwas trottelig geworden sind und in die Rolle eines Menschen hineinaltern, mit dem kein Staat mehr zu machen ist.

Neulich lud uns ein Kollege meines Mannes ganz formell zur Hochzeit seiner einzigen Tochter ein. Deren Erwählter (oder der sie erwählt Habende) ist ein aufstrebender, dynamischer, erfolgreicher Geschäftsmann, ein Senkrechtstarter, wie man so sagt. Dazu gutaussehend und ein glänzender Gesellschafter. «Ja», sagte der Brautvater mit Stolz und Befriedigung, «unsere Karin hat Glück gehabt, das muß man schon sagen!» Und die Eltern des fabelhaften jungen Mannes? Die kenne man nicht persönlich. Nein, sie kämen auch nicht zur Hochzeit. Das seien, nun, offengestanden ziemlich einfache Leute; die Reise sei ihnen sicher auch zu teuer. Und sie würden dazu nicht eingeladen? Nein, das wäre ihnen bestimmt auch nicht recht. Sie passen halt so gar nicht in die neue Familie ...

Mein Mann und ich guckten uns an und wußten, daß wir auf diese Hochzeitsfeier gut verzichten konnten.

Eins hätte mich natürlich brennend interessiert, und vielleicht kriege ich es irgendwann mal raus: Haben die nicht geladenen Eltern des Bräutigams ihrem Sohn früher auch ständig in den Ohren gelegen mit dem Satz «Benimm dich, man blamiert sich ja mit dir??»

Es muß durchaus nicht so gewesen sein.

Vielleicht macht der Sohn auch gerade den Anfang mit dieser Tradition!

Gesagt – getan?

In einer Schnellreinigung war ich mit einer jungen Frau ins Gespräch gekommen. Sie hatte die Wartezeit dazu benutzt, sich über ihren kleinen Sohn Gedanken zu machen, der gerade von Maschine zu Maschine lief und den sich drehenden Inhalt kritisch zu begutachten schien. Er sei derzeit außerordentlich trotzig, bekannte sie freimütig, aber sie habe sich klargemacht, wie notwendig die Entwicklung eines eigenen Willens für ein Kind sei. Und das gehe ja wohl nur über den vielbeklagten «Trotz». Breche man diesen, anstatt ihn als wichtigen Prozeß zur Willensbildung zu verstehen, bewirke man womöglich, daß das Kind zeitlebens ein schwacher, zu Entscheidungen unfähiger Mensch bleibe, Spielball für jeden stärkeren Partner oder Gegner.

Ich stimmte ihr zu und empfand das Gespräch als erfreulich. Gaby allerdings, die dabei war, hatte mit dem Mißmut eines Menschen zugehört, der noch nicht weit genug von seinen eigenen Kinderjahren entfernt ist, um sich für Kinderprobleme schon wieder zu interessieren.

Wenig später trafen wir die junge Mutter in einem Selbstbedienungsladen noch einmal. Ihr Einkaufswagen war bereits stattlich gefüllt, als ihr kleiner Sohn noch eine große Tüte mit Salzbrezeln obenauf packte. Während sie mit uns sprach, beförderte die Mutter diese Tüte beiläufig wieder ins Regal zurück. Drei Schritte weiter war die Tüte wieder im Wagen, und die Mutter sah sich genötigt, auch verbal von ihr Notiz zu nehmen: «Was soll das?» fragte sie den Jungen, «wir haben genug eingekauft für heute.» «Aber alles nur für dich!» stellte das Kind entschieden fest, «ich will auch was Schönes haben», und da hatte es die umstrittene Brezeltüte schon wieder in den Händen, während sich seine Augen zu kleinen

Schlitzen zusammenzogen und seine Unterlippe bedrohlich zitterte. Einige der Umstehenden schienen sich für die Auseinandersetzung bereits zu interessieren, und die junge Frau wurde unruhig. «Nun sei lieb, leg das wieder zurück», sagte sie leise, aber eindringlich. Als das Kind keine diesbezüglichen Anstalten machte, versuchte sie, ihm die Tüte aus der Hand zu winden, aber der Junge ließ nicht los. Wer schließlich nachgab, das war weder Mutter noch Sohn, sondern die Tüte; und während die Brezeln in die Gegend flogen, packte das Kind geistesgegenwärtig die etwas mager gewordene Verpackung erneut in den Einkaufswagen, fischte einige der flüchtigen Gebäckteile aus dem Wurstregal und sagte befriedigt: «Nun müssen wir sie aber nehmen!»

Von irgendwoher ertönte ein höhnisches Lachen, und unmittelbar darauf hörte man ein eindeutiges, klatschendes Geräusch: Der Mutter war, wie man so schön sagt, «die Hand ausgerutscht», jemand sagte: «Warum nicht gleich so?», das Kind brüllte und trat gegen den Einkaufswagen, und – Gaby ging hin, tippte der erregten Mutter auf die Schulter und sagte: «Entschuldigen Sie, aber das *war* doch gerade so ein wichtiger Prozeß der Willensbildung, von dem Sie eben gesprochen haben. Warum regen Sie sich dann auf??»

Wir wollen ihn bitte nicht belächeln, jenen Abstand, der sich zwischen Theorie und Wirklichkeit einer Erziehungsabsicht breitmacht. Erstens geht es uns ja auf allen Gebieten so: mit dem, was wir tun, erreichen wir nur selten das, was wir tun zu müssen glauben; und zweitens: gerade als Vater oder Mutter hat man es schwer, bei seinen Vorsätzen zu bleiben, weil man sich zumeist zwei starken Gegenkräften gegenübersieht: Dem eigenen Kind und den fremden Erwachsenen. Das eigene Kind leistet Widerstand, weil es eben ganz andere Bedürfnisse hat als man selbst, und nun versucht, die Situation in seinem Sinne «kindgerecht» zu entscheiden. Die fremden Erwachsenen wiederum bemühen sich mehr oder weniger deutlich, die Eltern an dieser kindgerechten Entscheidung zu hindern, denn sie sind nur selten bereit, eines unbekannten Kindes willen Abstriche an ihren eigenen Vorstellungen oder Wünschen zu machen.

Also müssen sich Eltern im Einzelfall in Sekundenschnelle entscheiden zwischen ihrem ursprünglichen Erziehungskonzept, dem Korrekturversuch durch das Kind *und* den Forderungen der Umwelt. Das ist wahrlich schwer und besonders dann, wenn man es mit einem trotzigen Kind zu tun hat. Trotzende Kinder sind von nur geringem Charme und pflegen unmittelbar auf das Aggressionszentrum ihrer Mitmenschen zu zielen. Wer dem kleinen Liebling, der sich gerade unter Wutgeheul in den Dreck geschmissen hat, nicht augenblicks den Hosenboden versohlt, wird von der Umwelt wenn nicht gar beschimpft, so doch ironisch belächelt: «Wunderbar, was sich moderne Eltern alles gefallen lassen!» (Natürlich gibt es Ausnahmen, wo gibt's die nicht?)

Ach, wissen Sie – jeder von uns muß sich einiges gefallen lassen in seinem Leben. Von Nachbarn, Vorgesetzten, Politikern – und auch von den eigenen Kindern, versteht sich. Aber von wildfremden Leuten, die vergessen haben, daß Kinder anders sind als Erwachsene, – von denen braucht man sich nun wirklich nichts gefallen zu lassen!

Wenn ich davon rede, daß Eltern sich durch den Druck einer selbstgerecht auftretenden Umwelt nicht dazu bringen lassen sollten, ihr Kind anders zu behandeln, als sie es eigentlich vorhatten –, dann denke ich dabei *nicht* an jene Mütter und Väter, die sich wie aufgescheuchte Truthähne auf jeden Menschen stürzen, der es wagt, mahnend den Finger zu heben, weil ihm Mamas Sonnenschein gerade mit dem Roller über die Zehen gefahren ist.

Nein, ich denke nur an jene freundlichen, vernünftigen Eltern, die ihrem Kind, das im Kaufhaus ein Spielzeug angefaßt hat, plötzlich schuldbewußt auf die Finger klopfen, nur weil die Verkäuferin intensiv die Stirn gerunzelt hat. Und ich denke an Eltern, die mit ihrem Kind, das im Lokal gekleckert hat, plötzlich laut und böse herumschimpfen, nur um dem Wirt zu beweisen, daß es ihnen nicht an guten Tischmanieren fehlt.

Und ich denke auch an Eltern, die ihrem Kind fest und feierlich versprochen haben, es aus dem Kinderheim wieder abzuholen, wenn es dort wirklich nicht ein bißchen schön sein sollte; und die dann später dem am Telefon schluchzenden Kind nur jämmerliche Ausreden anbieten; weil nämlich die Heimleiterin schon zehn Minuten früher angerufen und den Eltern erklärt hat: Abholen – das käme überhaupt nicht in Frage!

Es geht wirklich auch anders.

Ich weiß das spätestens seit dem Tag, da ich an fremdem Ort einen fremden Zahnarzt aufsuchen mußte. Der Arzt hatte mir eine Injektion gegeben, mich beiseite gesetzt und inzwischen schon den «Nächsten» hereingebeten. «Der Nächste», das war ein kleiner, starr vor sich hinblickender Junge an der Hand seiner Mutter. «Hören Sie bitte», sagte die Frau ohne lange Einleitung, «mein Sohn hat scheußliche Erfahrungen mit Zahnärzten hinter sich; ich habe ihm versprochen, daß er hier freundlich und sehr vorsichtig behandelt wird.» Der Arzt murmelte Unverständliches, der Junge wurde auf den Stuhl geschoben, öffnete mit geschlossenen Augen den Mund – und stieß schon nach wenigen Sekunden einen lauten Schmerzensschrei aus. «Na, was denn?» sagte der Doktor daraufhin unwillig. «Jetzt übertreib mal nicht so schrecklich! Du bist doch schließlich ein Junge, oder? Also los, mach den Mund wieder auf!» Der Junge sandte seiner Mutter einen hilfesuchenden Blick zu, und ich wartete schon darauf, daß sie jetzt sagen würde: «Tu, was der Doktor dir sagt, und mach den Mund wieder auf, ja?» Aber ich vernahm ganz andere Töne: «Legen Sie doch bitte mal den Bohrer aus der Hand», sagte die junge Frau ganz ruhig, «und nun lassen Sie den Jungen vom Stuhl runter. Sie sehen wohl selbst, daß

Sie nicht der richtige Arzt für uns sind. Kann ich bitte den Krankenschein wiederhaben?» Der Arzt gab der Assistentin einen stummen Wink, diese übergab ebenso stumm das wichtige Papier – und schon war ich wieder der einzige Patient im Zimmer; ein Patient, der etwas beunruhigt einem nun wohl mit unterdrückter Wut geführten Bohrer entgegensah! Aber nichts dergleichen: der Arzt schien vielmehr an mich jene Sanftheit zu verschwenden, die er fünf Minuten vorher noch nicht zur Verfügung gehabt hatte. Und er schien mir weniger wütend als nachdenklich.

Und seitdem eben weiß ich aus eigener Anschauung: es geht. Man kann sehr wohl die Versprechen einhalten, die man sich selbst oder seinen Kindern gegeben hat. Die Umwelt lernt am Ende dabei.

Gruppe contra Elternhaus

Wenn Kinder eines Tages aufhören, ihre Freunde zum Spielen mit nach Haus zu bringen und statt dessen in jeder freien Minute nach draußen stürmen, wenn sie schon beim Mittagessen auf dem Stuhl herumrutschen, weil sie «gleich wieder weg» müssen, wenn sie anfangen, statt von einzelnen Namen von «wir» zu sprechen – «wir wollen uns mal den Zirkus ansehen, der heute gekommen ist», oder auch nur: «Wir treffen uns an der Würstchenbude» –, dann werden Eltern hellhörig. Das Kind hat sich da offenbar irgendeiner «Gruppe» angeschlossen; und nun wüßte man ja gern Näheres. «Was sind denn das für Kinder?» – «Was macht ihr denn überhaupt, wenn ihr euch trefft?» – «Wie viele seid ihr denn?» Die Antworten fallen zumeist recht unbefriedigend aus. Nur in den seltensten Fällen jedenfalls wird es sich um einen Kreis von Schulfreunden handeln, die sich treffen, um Mathe und Englisch zu üben. Wahrscheinlicher ist, daß Kinder und Jugendliche aus der weiteren Nachbarschaft plötzlich, ohne besondere Absprachen, an bestimmten Sammelplätzen herumstehen, auf mehr oder minder ruppige Weise miteinander ins Gespräch zu kommen suchen und sich gegenseitig den Rauch ihrer ersten Zigaretten ins Gesicht blasen.

Die Eltern sind von dieser neuen Form von Freizeitgestaltung wenig angetan, zumal sie diese neuen Freunde nicht einschätzen können. Einladen kann man so viele Kinder ja nicht, und an den Treffpunkten kann man auch nur mal so vorbeigehen, allenfalls von weitem «Hallo» sagen; denn bliebe man stehen, redete einzelne Kinder an oder fragte sie gar aus, wäre es dem eigenen Kind furchtbar peinlich. Das kann man ihm nicht antun; denn was immer es für eine Rolle in der Gruppe hat oder anstrebt, die Rolle eines Kindes, dem eine besorgte

Mutter oder ein nach dem Rechten sehenden Vater hinterherläuft, die will es bestimmt nicht spielen! Also kann man sich nur an das Kind selbst halten und erfährt dann etwa, daß es einen Tommi gibt, der irre ulkig ist, eine Monika, die sich alle Anziehsachen schon selbst kaufen darf, und einen Manfred, der noch sechs Geschwister, aber keinen richtigen Vater hat.

Diese Informationen geben nicht gerade viel her, und so läßt sich also noch gar nicht abschätzen, welche Aktivitäten sich aus dieser Gruppenbildung ergeben könnten. Läuft es auf Sport-, Spiel- und Hobbygemeinschaften hinaus oder auf längerfristiges, unentschlossenes Nichtstun, frühzeitigen Diskothekenbesuch und erste Bekanntschaft mit Alkohol oder Schlimmerem? Und wie steuert man eine solche Entwicklung? Ja, wie? Das läßt sich nicht so einfach sagen; wie *nicht*, schon eher: Bestimmt nicht dadurch, daß man alle außerhäuslichen Unternehmungen abzublocken versucht und Berichte über Personen und Vorhaben nur mit mißtrauisch gerunzelter Stirn entgegennimmt.

Und allem voran muß man sich eins klarmachen: Was das Kind hier unternimmt, ist etwas unerhört Wichtiges: Es informiert sich – aus eigenem Antrieb und auf breiterer Basis als bisher – über seine Altersgenossen. Das ist zunächst alles. Es sucht, ganz instinktsicher, wie ich finde, die Begegnung mit jenen, die es sein ganzes Leben lang begleiten werden – als Arbeitskollegen, Freunde, Bekannte, Vorgesetzte und «Autoritätspersonen», als Objekte leidenschaftlicher Gefühle und als Partner und Lebensgefährten. Das so unübersichtlich wirkende Hin- und Hergerede über Fahrradlenkstangen und Schulmappen hinweg ist schlicht der Anfang einer lebenslänglichen Auseinandersetzung mit der eigenen Generation; mit jenen Menschen also, die dem Kind, über alle Unterschiede der Herkunft und des Lebensstils hinweg, auf bestimmte Weise immer näher sein werden als die übrigen Menschen.

Es wäre also recht töricht, wenn wir unsere Kinder hindern wollten herauszufinden, mit wem sie es jetzt und später einmal zu tun haben werden, herauszufinden auch, welche Rolle sie spielen können und wollen in einer Gemeinschaft außerhalb der vorgegebenen Familienstruktur.

Denn das weiß schließlich auch jeder Erwachsene, daß es erfolgverheißender und leichter ist, sich in einer freigewählten Gruppe Ansehen und Geltung zu verschaffen als in der eigenen Familie.

Die Angehörigen kennen einen nur allzu gut; Tricks und Maschen verfangen da nicht viel, Ansätze zu ernstgemeinter Verhaltensänderung bleiben wiederum oft unbemerkt; und im übrigen erwartet die Familie von vornherein ein hohes Maß von Einsatz. Einsatz an Leistung und an Gefühlen. Was immer man investiert, im Rahmen der häuslichen Schutz- und Trutzgemeinschaft wird es zur wohlwollend hingenommenen Selbstverständlichkeit.

Daher denn auch das weltweite Ausweichen in Clubs und Aktionsgemeinschaften, in Stammtischrunden, Gruppen und Vereine jeder Art. Dort gelingt es vielleicht, den Part zu übernehmen, für den im häuslichen Repertoire keine Verwendung ist, gelingt es, das Selbstbewußtsein anzuheben durch die Anerkennung, die einem dort sicht- und hörbar zuteil wird!

Und auch Kinder brauchen schon die Wertschätzung außerhalb der Familie, brauchen die Erfahrung, daß nicht nur Mutter, Vater, Oma und Opa etwas von ihnen halten. Selbst einzelne Freunde reichen für diesen Selbstwertnachweis noch nicht aus; so richtig befriedigend ist erst der Platz, den man sich in «der Gruppe» erobern konnte. Ist das geschafft, nimmt die Gruppe automatisch eine Vorrangstellung beim Kind ein. Was dort geplant, mitbestimmt und besprochen wurde, das rangiert allemal vor den Ansprüchen der Familie. Besteht die Familie auf ihren älteren Rechten, gerät das Kind in Konflikte: Fußballtraining oder Omas Geburtstag, den

Partykeller der Gruppe herrichten oder das eigene Zimmer aufräumen?

Ich entsinne mich, daß Thomas vor Jahren einmal ins Zimmer stürmte und aufgeregt zu mir sagte: «Du mußt unbedingt gleich bei Kellers anrufen und fragen, ob du das Baby nicht heute abend kriegen kannst, sonst rutscht Ulli an der Regenrinne aus dem Fenster, und die wohnen doch im vierten Stock!» Es bedurfte einiger Nachfragen, um die Situation zu klären. Ulli, so erfuhr ich, hatte versprochen, die gesamte Gruppe unentgeltlich in eine Popveranstaltung einzuschleusen, deren Manager er kannte. Nun aber sollte er Babysitter für den Nachkömmling spielen. Motto: Die Familie geht vor. Ulli sah das anders. Versprochen ist versprochen; und versprochen hatte er nur der Gruppe etwas. Seine Uneinsichtigkeit brachte seinen Vater zu der Drohung, ihn samt Baby einzuschließen – und Ulli zu der erwähnten geheimen Ankündigung, er werde dann eben die Regenrinne runterrutschen!

Da Gaby sich von jeher mit Hingabe jedes Babys annahm, dessen sie habhaft werden konnte, war die Frage des Ersatzmannes für Ulli kein Problem. Aber die Verhandlungen mit Familie Keller erwiesen sich als schwierig. «Für seine Freunde zerreißt er sich», hatte Ullis Mutter sich temperamentvoll beklagt, «und hier zu Hause drückt er sich vor jedem Handgriff!» Worauf mein Mann nur ganz milde bemerkte: «Aber liebe Frau Keller, was wundert Sie daran so sehr? Das machen doch alle so.» Während der kurzen Verblüffung, die diese Feststellung bei der Gegenseite auslöste, wurde der Personenwechsel Ulli – Gaby schnell beschlossen. Und nun bekam *unsere* Familie das dicke Lob von der Gruppe, das sich die Familie Keller ganz leicht hätte einheimsen können.

Ja, ich weiß, im Schutze einer Gruppe wird der Mensch auch zu Handlungen fähig, die er als Einzelperson niemals auch nur entfernt ins Auge fassen würde; im Guten wie im Bösen; und dieses Wissen macht Eltern begreiflicherweise unruhig. Was mag in den jugendfrischen Gehirnen alles ausgebrütet werden? Was könnten sich die Kinder im ungünstigsten Fall alles einfallen lassen?! Und wie, vor allem, wird sich das eigene Kind verhalten, wenn es einem massiven Gruppendruck ausgesetzt ist? Wird es gegebenenfalls nur die Keksvorräte plündern und sich um vier Uhr früh zu romantischem Sit-in am nahen See aus dem Haus schleichen, oder läßt es sich auch zu Bedenklicherem bewegen?

Ich habe da so meine eigene Theorie. Ich denke, die Entscheidung darüber, wie ein Kind auf Zwang und Nötigung seitens der Gruppe reagiert, diese Entscheidung fällt schon lange vor dem akuten Anlaß. Und sie hängt mit den Gründen zusammen, die ein Kind in diese Gruppe hineinbrachten. Suchte es die Gemeinschaft als zusätzlichen Erlebnisbereich – zusätzlich zu seinen Erfahrungen innerhalb der Familie –, dann wird es durchaus imstande sein, mitzudenken, abzuwägen und sich so oder so zu entscheiden. An einem bestimmten Punkt wird es dann auch sagen können: «Ohne mich, Freunde, ihr könnt mich alle gern haben, ich hau jetzt ab!»

Ist es jedoch zu der Gruppe gekommen, weil es nirgendwo sonst Verständnis und Geborgenheit finden konnte, dann gibt es in Konfliktsituationen keine Alternative, und es kommt zu jener gefährlichen Abhängigkeit «auf Gedeih und Verderb».

Solange also die Gruppe nicht die einzige Kontaktstelle für das Kind darstellt, solange, meine ich, haben Eltern nichts zu befürchten.

Allenfalls müssen sie ihr Kind irgendwann einmal um Mitternacht von einer Polizeiwache abholen, weil es sich ohne Ausweis in einem just kontrollierten Lokal aufgehalten hat, oder weil es sich an einem sonst stillen Ort durch ein improvisiertes Live-Konzert des «ruhestörenden Lärms» schuldig gemacht hat. Vielleicht kommt es auch im Verein mit seinen Freunden auf die Idee, den verhaßten Physiklehrer allnächtlich zur gleichen Stunde telefonisch aus dem Schlaf zu klingeln – solange, bis die Überwachungsstelle der Post die

Nummer des Anrufers festgestellt hat. Die Nummer der Eltern, versteht sich.

Aber bei alledem sammelt das Kind ja eine Fülle lehrreicher eigener Erfahrungen! Und mit einiger Wahrscheinlichkeit macht auch eine «Gruppe» ihre Dummheiten immer nur einmal ...

Verbotene Gefühle

«Darf Ihr Kind sagen, was es fühlt?»

Richten Sie diese Frage spaßeshalber mal an Eltern eines kleinen Kindes, und man wird Sie vermutlich mit einem milden, verständnislosen Kopfschütteln bedenken. Welcher Mensch stellt denn eine derart törichte Frage? Setzen Sie dann noch hinzu: «Ich meine, darf es seine Gefühle äußern, ohne daß Sie versuchen, sie ihm auszureden?» müssen Sie mit unwirschen bis verärgerten Reaktionen rechnen. Niemand wird doch einem Kind seine Gefühle ausreden wollen, was für ein Unfug!

Kleine Kinder dürfen also unwidersprochen sagen, was sie fühlen? In Wirklichkeit sieht das so aus: Da sitzen etwa Mutter und Kind gemütlich und innig hautnah beieinander und sehen sich ein Bilderbuch an. Unerwartet früh kommt der Vater nach Haus und bricht in diese Idylle ein. Er hat es eilig, er hat Hunger, er hat auch allerlei zu berichten, und die Mutter springt auf, macht ihm etwas zu essen, kümmert sich um ihn, unterhält sich mit ihm. Als der Mann wieder das Haus verläßt und die Mutter sich erneut dem Kind zuwendet, sitzt dieses, verbissen vor sich hinstarrend, in einer Ecke und sagt deutlich und unüberhörbar: «Ich kann Papa nicht leiden!» So.

Und nun möchte ich mal wissen, was die Mutter, was auch die verständnisvolle, gescheite Mutter antwortet. Ich wette, sie sagt freundlich, aber bestimmt so etwas wie: «Aber nicht doch, das meinst du doch nicht wirklich. Das ist doch dein lieber Papa, den hast du doch lieb.» Worauf das Kind wiederholen wird, daß es den Vater nicht leiden kann, nicht ein bißchen.

«Der stört immer», sagte ein kleines Mädchen unlängst bei einem ähnlichen Anlaß, und auch seine Mutter sagte, sanft verweisend: «Aber Liebling, er stört uns doch nicht, wir haben ihn doch alle beide lieb!» Worauf auch dieses Kind mehrmals und zunehmend wütender auf der Feststellung beharrte, daß der Vater immer bloß störe. Schließlich gipfelte sein Zorn in dem liebenswürdigen Wunsch: «Papa soll tot sein.» Das nun fand die Mutter gar nicht mehr komisch. «So etwas will ich nie wieder hören!» sagte sie streng und ließ das Kind allein. Dieses aber ging mitnichten in sich, wie die Mutter gehofft haben mochte, sondern rannte schreiend und weinend hinter ihr her. Sobald sie aber, vom Mitleid besiegt, das Kind beruhigend in die Arme nahm, stieß es zwischen den letzten Schluchzern immer noch einmal hervor, daß der Papa «weg» sein solle, und alles fing wieder von vorn an.

Ja, soll man einem Kind in solcher Situation vielleicht antworten: «Ja, du hast recht, Papa ist ein gräßlicher Kerl, er stört uns bloß und wäre besser tot!»??

So natürlich muß sich das nicht gleich abspielen, aber die Richtung stimmt schon. Insofern man einem Kind die negativen Gefühle ebensowenig ausreden sollte wie die positiven. Statt dessen sollte man diese «bösen» Gefühle ganz sachlich «rückkoppeln», das heißt, man sollte sie mit eigenen Worten wiederholen. Sagt also das Kind: «Ich kann Papa nicht leiden», wird die Mutter antworten: «Du ärgerst dich, daß Mama aufsteht und von dir weggeht, wenn er kommt.» Das Kind sagt: «Er stört uns immer», und die Mutter antwortet bestätigend: «Es macht dich schrecklich wütend, wenn wir aufhören müssen, zu spielen oder zu lesen.»

Das mag eine Weile so weitergehen. Das Kind läßt seinen Gefühlen freien Lauf, und die Mutter tut konsequent nichts anderes, als die Gefühle des Kindes, in ihre eigenen Worte gekleidet, wiederzuspiegeln. Und dann ist die Wut des Kindes plötzlich verraucht. Es hat gemerkt, daß die Mutter seine Empfindungen verstanden hat, und das ist ihm das Allerwichtigste. Und nach einem Stündchen kann es auch seinen Vater wieder leiden.

Eigentlich braucht man nur einmal zu überlegen, wie man selbst reagiert, wenn einem jemand eine spontane Wut, einen explosiven Zorn begütigend, aber einfallslos ausreden will!

Da kommen Sie vielleicht ganz geladen nach Haus und sagen zu Ihrem Ehepartner, Ihrer Mutter oder wem auch immer Sie zuerst begegnen: «Diesen Meyer könnte ich umbringen! Dieses widerliche Ekel, dieses arrogante! Hat er mir doch tatsächlich ...» usw. usw. Würde es Ihnen gefallen, wenn man Ihnen in diese ganze geballte Erregung hinein mit dem sanften Tonfall einer in der Altenpflege geübten Krankenschwester antworten würde: «Aber nicht doch, wie kannst du über den armen Meyer nur so herziehen! Auf seine Weise ist er doch ein ganz netter Mensch.» Würde Sie das beruhigen? Ich glaube eher, daß sich Ihre Empörung nun auch noch auf den Menschen ausdehnen wird, der Sie zu besänftigen trachtete. «Sei bloß still», werden Sie schreien, «du mußt ja nicht mit diesem Widerling umgehen!»

Sagt indessen Ihr Gesprächspartner zustimmend und Ihre Gefühle augenblicklich reflektierend: «Das kann ich mir vorstellen: Dieser Meyer kann einen wirklich zur Raserei treiben!» – dann wird Ihnen gleich ein bißchen wohler sein. Und haben Sie noch für weitere Minuten ein geduldiges Echo auf Ihre Ausbrüche, dann kommt vermutlich schon der Moment, an dem Sie imstande sind, aufatmend und abschließend zu sagen: «Na ja, es gibt schlimmere Typen.» Womit Sie sich dann wieder angenehmeren Themen und Dingen zuwenden können.

Bei alldem sind Sie ein erwachsener Mensch, der aus langjähriger Erfahrung seine Gefühle halbwegs ab- und einschätzen kann und der, wie wütend er für den Augenblick auch sein mag, nie ganz vergißt, daß diese Wut nur einen Teilbereich seines Lebens betrifft, daß es zumeist Wichtigeres gibt und daß daneben auch noch Erfreuliches stattfindet.

Ein Kind kann das nicht; kann seine Empfindungen nicht relativieren. Es wird von seinem Gefühl völlig überwältigt, kann nichts anderes denken, sich mit nichts ablenken, ist Schmerz, Zorn oder Enttäuschung total ausgeliefert. Und niemand kann ihm seine kochenden Emotionen «ausreden». Weshalb man das auch gar nicht erst versuchen sollte ...

«Also, wenn mich etwas wirklich rasend machen kann», bekannte neulich ein Vater, «dann sind es die Aggressionen unserer Kinder untereinander. Manchmal hat man direkt den Eindruck, sie hassen sich!»

Nun, dieser Eindruck dürfte zutreffen. Manchmal hassen sich Geschwister in der Tat. Normalerweise allerdings hassen sie sich nur mal eben für Minuten oder Stunden. Ist aber die häusliche Situation sehr ungünstig und verhalten sich die Eltern besonders ungeschickt, dann kann der Haß auch tiefer gehen und länger andauern und kann bedrückende Formen annehmen.

Ein Freund erzählte uns einmal, daß er als Sechsjähriger nahe daran war, seinen neugeborenen Bruder umzubringen – eben einfach aus dem Weg zu schaffen. Der Tag und Nacht schreiende Säugling nämlich – vom Kinderarzt als besonders zart und anfällig bezeichnet – hatte die Mutter total okkupiert, so daß für den bis dahin Einzigen gar keine Zeit mehr blieb. Der sachliche Vorschlag des Sechsjährigen an den Vater, man möge das Baby doch weggeben, bis es größer geworden sei, stieß auf barsche Ablehnung, und das Bekenntnis an die Mutter, er wünschte, dieses Schreipaket wäre nie geboren, brachte auch weder Trost noch Hilfe. Im Gegenteil, die Mutter hielt ihrem verbitterten Erstgeborenen den Säugling, den kahlen, rotgesichtigen, dicht vor die Augen und sagte: «Sieh doch nur, wie niedlich er ist! Du mußt ihn doch auch liebhaben. Sonst kann ich *dich* ja gar nicht mehr liebhaben!» Und das war dann, wie unser Freund erklärte, der Punkt, an dem das nunmehr gänzlich verstörte Kind beschloß, bei nächstbester Gelegenheit den Kinderwagen samt Bruder jene abschüssige Straße herunterrollen zu lassen, die auf eine vielbefahrene Kreuzung zulief. Just in dieser Situation kam die Großmutter angereist. Sie betrat die Wohnung, schloß den großen Enkel in die Arme und sagte herzlich und hellsichtig: «Na, mein armer Kleiner, dieses schreckliche Baby tyrannisiert wohl die ganze Familie, wie? Das hast du dir auch anders vorgestellt, was? Aber laß man, wir beide machen es uns jetzt ganz gemütlich!» Und da waren alle schlimmen Gedanken aus dem Kopf des großen Bruders wie weggeblasen.

Soweit diese Geschichte, und soweit dieses Happy-end. Aber wer kann sich schon darauf verlassen, daß im kritischen Moment immer eine kluge Großmutter auf der Bildfläche erscheint?

Meine eigene Großmutter übrigens war in dieser Beziehung überhaupt nicht klug. Wenn es in meinem Fall auch nicht um Mord und Eifersucht, sondern schlicht um Angst ging. Immer nämlich, wenn der für meine Begriffe löwengroße Schäferhund der Nachbarn an mir hochsprang und mir über das Gesicht leckte, schrie ich wie am Spieß. Hatte man das Tier ein wenig auf Distanz gebracht, bekannte ich unumwunden, daß ich vor großen Hunden Angst hätte. «Ach was», sagte meine Großmutter dann regelmäßig, «du bist doch kein Angsthase! Die Senta will doch bloß spielen!» Ich nehme es meiner Großmutter nicht übel, daß sie nicht darauf kam, einfach zu sagen: «Du fürchtest dich, weil die Senta so groß ist und weil sie dich beinahe umwirft. Mir ist das auch nicht angenehm; aber beißen tut sie wirklich nicht.»

Wie gesagt, ich nehme meiner Großmutter das nicht übel, aber nun gehe ich eben bis zum heutigen Tag möglichst unauffällig auf die andere Straßenseite – besonders abends und in unbelebten Gegenden –, wenn ein großer Schäferhund zielstrebig auf mich zuzulaufen scheint. – Und ich lasse mir auch von niemandem *ausreden*, daß ich in solchen Situationen ein ungutes Gefühl empfinde, das der Angst ziemlich nahekommt. Da muß man mir schon anders kommen!

Die großen Besserwisser

Anfangs können Eltern alles besser. Wie sollte es auch anders sein? Schließlich braucht das Kind in seinen ersten Jahren Eltern, die alles besser können und besser wissen, Eltern, die alles in Ordnung bringen und alle Fragen beantworten. Was die Fragen angeht, so ist das allerdings der Punkt, an dem Eltern ihre vermeintliche Allmächtigkeit und Allwissenheit eines Tages entschlossen ableugnen. Wenn das Vierjährige bereits seit einer geschlagenen Stunde demonstriert hat, daß es sich in dem mit Recht so gefürchteten Fragealter befindet, dann pfeifen die Eltern am Ende auf ihre ganze Überlegenheit und sagen so etwas wie: «Ich weiß es nicht, warum der Strom nicht aus der Steckdose herausfließt, hör auf, mir den Nerv zu töten! Keine Ahnung, ob Hühner traurig sind, wenn man ihnen die Eier wegnimmt, ich hab noch keins weinen sehn –, und ich weiß auch nicht, wohin dein Luftballon geflogen ist, interessiert mich auch nicht, laß mich jetzt bitte in Frieden!»

Aber das Kind nimmt seinen Eltern nicht so ohne weiteres ab, daß sie irgend etwas nicht wissen. Das hat es schon öfter erlebt, daß sie sich aus purer Bequemlichkeit dumm stellen! Erst neulich hat die Mutter behauptet, keinen Schimmer zu haben, wie man den Grießbrei wieder aus der Puppe herausbekommen könnte – und dann lag der verkleisterte Liebling doch wieder sauber und wohlduftend in der Puppenwiege. Und der Vater hat doch glatt bestritten, sich an den Namen der Katze zu erinnern, die man drei Tage lang in Pflege gehabt hatte, und nach einem knappen Nachmittag liebevollen Nachfragens wußte er ihn dann doch!

Es hilft alles nichts: Das Kind besteht vorerst noch auf Eltern, die alles wissen und alles können!

Dann aber beginnt es langsam, seine Angelegenheiten

selbst in die Hand zu nehmen, eigene Gedanken zu entwickeln und eigene Pläne zu schmieden. Es beginnt, sich an seinen Eltern zu messen, und es möchte dabei nicht allzu schlecht abschneiden. Irgendwann hat es sogar das nahezu tollkühne Bedürfnis, auch einmal etwas *besser* zu können und zu wissen als die so schrecklich überlegenen Eltern. Allerdings, die Möglichkeiten, klüger und fähiger zu erscheinen, sind rar gesät, genaugenommen muß man sie an den Haaren herbeiziehen.

So kam unsere Tochter einmal feierlich mit einer kleinen Puppentasse zu mir und fragte: «Kannst du deinen Zeigefinger durch den Henkel stecken?» Ich verneinte; dazu sei mein Finger zu dick. Daraufhin demonstrierte Gaby dieses Kunststück mit ihrem eigenen Finger, sah mich triumphierend an, sagte: «Ich kann das!» und zog ab wie jemand, der gerade eine Siegerurkunde in Empfang genommen hat.

Thomas suchte mir seine Überlegenheit auf andere Weise deutlich zu machen. «Weißt du eigentlich», hatte er herausfordernd gefragt, «daß Peters Hund Junge gekriegt hat?» – «Nein», sagte ich wahrheitsgemäß, «keine Ahnung.» – «Hat er aber», stellte Thomas zunächst einmal fest, um dann hoffnungsvoll hinzuzufügen: «Dann weißt du wohl auch nicht, wie viele er gekriegt hat?» Auch das mußte ich verneinen. «Vier!» belehrte mich unser Sohn daraufhin, um ohne weiteres Zögern erkennen zu lassen, worauf es ihm bei dieser Befragung angekommen war: «Manchmal wissen Kinder mehr als Eltern, nich?!»

Ich konnte es nur bestätigen: Manchmal wissen Kinder mehr als Eltern. Erst manchmal, und dann immer öfter.

Der zehnjährige Michael kam unlängst mit dem Ausdruck unverhohlenen Triumphes von der Schule nach Hause und präsentierte seinem Vater das Rechenheft, in dem die letzten Hausaufgaben allesamt mit roter Tinte verziert und am Ende mit einer aufreizend schwungvollen Fünf versehen waren. «Hier», sagte das Kind und tippte freudig erregt auf die sonst so unbeliebte Zahl: «Hast du alles falsch gemacht!» Wem solches und ähnliches widerfährt, der weiß dann wenigstens gleich, was er vermutlich getan hat: er hat sein Kind bis zu diesem Tage schmerzlich spüren lassen, daß er grundsätzlich alles besser weiß.

Das tun viele Eltern, wenn auch aus sehr unterschiedlichen Gründen. Die einen haben sich mit den Jahren in die Rolle der Alleskönner und Besserwisser mit solchem Behagen eingelebt, daß sie sich nicht entschließen können, sie zur gegebenen Zeit abzulegen. Dann gibt es die Perfektionisten, die es nicht ertragen können, daß die Werkarbeit, die geometrische Kurve oder das für den Biologieunterricht zu zeichnende Knochengerüst eines Frosches nicht so sauber und fehlerfrei geraten, wie sie es gerne hätten. Ein kurzer mißbilligender Blick – und sie nehmen dem Kind unter den Händen weg, was es gerade in redlichem Bemühen bearbeitet: «Wie sieht denn das aus? Gib mal her, ich mach dir das anständig!» Andere Eltern sind einfach ungeduldig. Sie können nicht abwarten, bis das Kind mit dem, was es sich gerade vorgenommen hat, fertig ist. Die Ungeduldigsten unter ihnen bringen es nicht einmal fertig, die Ausführung einer ausdrücklich gewünschten Hilfeleistung abzuwarten: «Räum bitte den Tisch ab», sagt etwa die Mutter zu dem Achtjährigen; und zwei Minuten später stürmt sie schon wieder ins Zimmer: «Noch immer nicht fertig?!» Und dann türmt sie höchstpersönlich die Teller übereinander und trägt sie seufzend in die Küche.

Schließlich gibt es noch Eltern, die allein durch ihre Ausstrahlung von unerschütterlicher Selbstsicherheit und optimistischer Problembewältigung den natürlichen Tatendrang ihres Kindes bremsen. Allerdings bewirken diese unternehmungslustigen Väter und heiter-energischen Mütter meistens, daß die Kinder sich ohne Groll in die Rolle des unzulänglichen, hilfsbedürftigen Nachwuchses hineinfinden. Und wenn sie auch nur einen interessierten Blick auf das Kind werfen, das dabei ist, einen Indianerkopfputz zu fertigen, indem es alte Hühnerfedern auf ein Wäscheband zu kleben versucht, dann wird das Kind sofort mit hoffnungsvollem Blick vom Stuhl aufspringen: «Das geht irgendwie nicht richtig! Machst du das mal?»

Solch ein offenes Hilfsersuchen stört zwar nicht die Familienharmonie, verschleiert aber, daß auch hier ein Kind kapituliert hat. Vor den besserwissenden, besserkönnenden und es immer so gut meinenden Eltern. Ob aber das Kind aus Trotz, aus Mutlosigkeit oder nur aus Bequemlichkeit seine eigenen Aktivitäten einschränkt, das ist ziemlich egal. Und ernstlich gewollt hat das wohl keiner.

Vorausschauende Eltern werden daher nicht untätig jenen Augenblick der Wahrheit abwarten, in dem das Kind entdeckt – mit Bestürzung oder auch mit Genugtuung –, daß die Eltern durchaus nicht alleweil die Besseren sind. Sie werden diesen schmeichelhaften Ruf aber auch nicht dadurch demontieren, daß sie sich unentwegt dümmer machen, als sie sind. Wer tut das schon gern. Zum Glück gibt es noch eine andere Möglichkeit, die eigene Überlegenheit langsam abzubauen, zugunsten der zunehmenden Gescheitheit und Geschicklichkeit des Kindes.

Da malt beispielsweise das Fünfjährige einen schönen bunten Vogel, den der Vater erwartungsgemäß bewundert. Beiläufig setzt er nun aber hinzu: «Den hätte ich niemals so schön malen können!»

Oder die Mutter bittet das Kind, die verlegten Hausschlüssel zu suchen. Wird das Kind fündig, bedankt sie sich nicht nur erleichtert, sondern sagt anerkennend: «Ich hätte mich niemals daran erinnert, daß ich sie vorhin auf den Herd gelegt habe!»

Auf diese schlichte Weise gewinnt das Kind ganz selbstverständlich das Gefühl, auf den Spuren seiner Eltern zu wandeln. Und es muß sie nicht herabsetzen, um an ihre Allmacht wenigstens mal antippen zu können.

Im übrigen sind die Übergänge von der scheinbaren bis zur echten Überlegenheit der Kinder fließend. Manchmal sogar ausgesprochen abrupt. Gestern noch hat man den Sieg der Tochter im Mühlespiel freundlich vorgetäuscht, morgen schon findet man sich geschlagen – trotz aller gegenteiliger Anstrengung! Gestern noch hat man dem Sohn aus rein pädagogischen Gründen bestätigt, daß er das schon sehr ordentlich mache mit dem Skilaufen, und morgen wedelt er so elegant den Hang runter, daß man ihm nur neidvoll hinterhergucken kann! Und nicht zuletzt: Heute noch hat man die Hausaufgaben der Kinder souverän korrigiert, morgen schon blättert man im Chemiebuch des durch Grippe noch geschwächten, sich aber gern auf dem laufenden haltenden Kindes, eine Weile vor und zurück, um schließlich munter zu sagen: «Ruf mal lieber den Manfred an und laß es dir von ihm erklären!»

Dergleichen irritiert am Anfang ein bißchen, erweist sich jedoch bei näherem Betrachten als purer Gewinn. Man muß bloß zusehen, daß man von den zunehmenden Fähigkeiten seiner Kinder auch angemessen profitiert: «Die Zahlkarten soll mal Christian ausfüllen, der macht das so schön ordentlich!» Und welch ein Triumph, wenn man eines Tages das Paket mit dem gelieferten Bücherregal schlicht in eine Ecke stellen und zu seinem nervösen Ehepartner gelassen sagen kann: «Das lassen wir nachher die Kinder zusammenbauen, die machen das schon!»

Zu guter Letzt . . .

Eins kann man Eltern wirklich nicht vorwerfen: daß sie es bei der Erziehung an der nötigen Ausdauer fehlen ließen! Auch wenn sie das Sprichwort «Steter Tropfen höhlt den Stein» noch nie gehört haben sollten, gehen sie ganz selbstverständlich davon aus, daß ein Kind unmöglich gleich beim erstenmal verstehen kann, was man von ihm erwartet. Weshalb sie denn auch ihre pädagogischen Eckpfeilersätze wie: «Wasch dir erst mal die Hände – sitz gerade – schling nicht so – häng deinen Mantel auf – lies nicht mehr so lange im Bett!», Tag um Tag unermüdlich wiederholen. *Einmal* wird das Kind schließlich begreifen, was es zu tun und zu lassen hat. Wobei es übrigens Phasen gibt, in denen es nur noch darum zu gehen scheint, was das Kind *lassen* soll. Das Alter des Kindes spielt dabei gar keine Rolle, daher kann es sich ebensogut um die Aufforderung «Nimm den Daumen aus dem Mund!» handeln, wie um die Beschwörung «Hör endlich auf, dir schon am frühen Morgen die Wimpern mit Tusche zu verkleistern!»

In gewissen Abständen allerdings – das muß schon gesagt werden – durchzuckt auch die geduldigsten Eltern der Verdacht, daß der Erfolg ihrer Erziehungsbemühungen *eigentlich* schon hätte eintreten müssen; und damit diese beunruhigende Überlegung auch in das Bewußtsein des Kindes eindringt, werden Wünsche und Forderungen fürderhin mit dem Vorsatz versehen: «Ich hab dir hundertmal gesagt . . .!»

Da das auch noch nicht viel zu helfen scheint, probieren es die Eltern mal mit der vorangestellten Frage: «Wie oft soll ich dir eigentlich noch sagen, daß du . . .» und dann geht es irgendwie weiter mit: «. . . morgens zeitiger aufstehen mußt?!» Diese Frage – zornig, jammernd oder resigniert getönt – wird natürlich nicht gestellt, um beantwortet zu werden. Sie soll nur das lange vergebliche Bemühen der Eltern um Erhörtwerden verdeutlichen. Aber irgendeines Tages kann es passieren, daß man unvermutet doch eine Antwort bekommt.

«Wie oft soll ich dir noch sagen», hat man Sohn oder Tochter gerade wütend entgegengehalten, «daß du pünktlich um 22 Uhr zu Hause zu sein hast?!» und die Antwort lautet: «Gar nicht mehr. Ich weiß nämlich selbst, wann ich nach Haus zu kommen habe!» Und während Vater oder Mutter noch um eine möglichst intelligente und eindrucksvolle Formulierung ihres Protestes ringen, macht das Kind eine alarmierende Zusatzbemerkung. Es sagt kühl und fast nebenbei – etwa, indem es sich den Mantel anzieht und aus der Tür zu gehen anschickt –, es sagt: «Ich bin nämlich kein *Kind* mehr – falls du das noch nicht bemerkt haben solltest ...»

Nun wird es sich wohl selten so glücklich fügen, daß just in dem Augenblick, in dem das Kind verkündet, daß es keins mehr sei, es auch den Eltern wie Schuppen von den Augen fällt, und daß sie ihre Erziehungsarbeit mit glücklicher Erleichterung niederlegen. In den überwiegenden Fällen werden Mütter oder Väter vielmehr einen kleinen ironischen Lacher von sich geben, mit spitzem Zeigefinger stumm auf herumgestreute Wäschestücke, unabgewaschene Gläser und unter das Bett gerollte Coca-Büchsen weisen, werden darüber hinaus auf eine vom Lehrer verschwenderisch mit dem Rotstift behandelte Hausarbeit blicken und werden so etwas von sich geben wie: «So habe ich mir einen erwachsenen Menschen immer vorgestellt!»

Und ganz gleich, wie hitzig die nun ausbrechende Debatte auch geführt werden sollte – fürs erste werden sie fortfahren, auf rechtzeitiges Nachhauskommen zu bestehen, und sie werden weiterhin mit dem vom Kind vergessenen Zeichenblock laut rufend aus dem hastig geöffneten Fenster wedeln!

Aber irgendwann einmal, das steht fest, müssen die Eltern ihre Söhne und Töchter wirklich als «erwachsen» anerkennen und *das* tun, was ihnen die Kinder schon lange nahegelegt haben: Sie müssen aufhören, an ihnen «herumzuerziehen».

Solange die Kinder noch in der elterlichen Wohnung leben, fällt den Eltern das allerdings außerordentlich schwer. Auch wenn sie allen, die es hören wollen, und vor allem sich selbst, immer wieder erklären, daß ihre Kinder jetzt alt genug seien, um ihre Angelegenheiten eigenverantwortlich zu regeln, fallen sie immer wieder in ihre langgeübte Schutz- und Aufsichtsfunktion zurück. Versuchen noch in letzter Minute Verhalten zu korrigieren, Absichten zu durchkreuzen und auf möglichst unauffällige Weise die eigenen, elterlichen Ansichten und Pläne auf die Kinder zu übertragen.

Erst wenn das Kind auszieht und sich, wenn auch noch nicht jeder Unterstützung, so doch jeder Aufsicht und kleinlichen Bevormundung begibt, erst dann ist kein Zweifel mehr möglich: Das, was man landläufig als «Erziehung» bezeichnet, kann als abgeschlossen betrachtet werden. Man darf auf die Langzeitwirkung der pädagogischen Investition gespannt sein.

Vor einiger Zeit besuchte ich unangemeldet alte Freunde und geriet unversehens in die Endphase des Auszugs eines Sohnes. Gerade wurden von ein paar jungen Leuten etliche offene Wäschekörbe mit allerlei Hausrat in den vor der Tür stehenden VW-Bus geschwungen; dann umarmte der Sohn herzlich und unpathetisch beide Eltern, sagte: «Tschüs, ich komme am Wochenende mal vorbei», kletterte auf den Fahrersitz und ließ den Motor an.

Die Mutter, tränenlos und rundherum vernünftig, sah mich von der Seite an und sagte: «Hast du das gesehen? Sein Bettzeug hat er hinter den Beifahrersitz geworfen, in den beiden Koffern ist nichts drin als seine zusammengerollten Poster, damit denen bloß nichts passiert, die Bücher hat er in Laken geknotet, und seine Anziehsachen stecken in einem halben Dutzend Mülltüten. Und zwei verschiedene Socken hat er auch wieder an. Kannst du mir sagen, wofür ich mir fast zwanzig Jahre lang den Mund fußlig geredet habe??»

Daß jedes Lebensjahr des Kindes ungeahnte Überraschungen aller Art mit sich bringt – daran haben sich Eltern im Laufe der Zeit gewöhnt; aber so richtig ins Staunen werden sie erst kommen, wenn sie ihre erwachsen gewordenen Kinder aus einiger Distanz betrachten.

Jetzt nämlich, da die Kinder dem täglichen Zugriff der liebenden, strafenden und sich sorgenden Eltern entzogen sind – jetzt setzen sie noch einmal zu einem gewaltigen Entwicklungssprung an! Jetzt werden noch einmal solche Mengen von Energien frei, daß man sich fragt, wo diese Vorräte eigentlich noch herkommen, nachdem die Kinder doch die ganzen Jahre nicht eben sparsam damit umgegangen sind. Und wenn die Eltern gerade noch das ungute Gefühl hatten, die Erziehungsarbeit sei ihnen aus der Hand genommen worden, bevor sie damit fertig waren, werden sie unverhofft mit schönsten Ergebnissen konfrontiert.

Plötzlich nämlich tun die Kinder Dinge, zu denen man sie mit allen Tricks und Kniffen nie hatte veranlassen können – ziehen sich etwa wochenlang zurück, um sich einen neuen Lernstoff anzueignen, stellen eine atembeklemmende Ordnung in ihren Schränken her und tragen der alten Nachbarin ungebeten den Mülleimer hinunter und die Einkäufe herauf. Auf der anderen Seite lassen sie schlagartig etwas weg, was man ihnen nun wirklich «ein für allemal» beigebracht zu haben glaubte: wie etwa das kalte Waschen am Morgen oder das Essen zur Mittagszeit. Im Überschwang der eigenen Verfügungsgewalt leisten sie sich darüber hinaus all die Erfahrungen, vor denen wir sie bisher mit Entschlossenheit bewahrt haben: geben zum Beispiel ihr gesamtes Monatsgeld innerhalb von acht Tagen aus und reduzieren ihren Schlaf auf drei bis vier Stunden. In solchen Punkten müssen sie sich wohl oder übel wieder korrigieren.

Insgesamt aber, in diesem Balanceakt von Dazutun auf der

einen und Weglassen auf der anderen Seite, schält sich langsam der Mensch heraus, der in den Spiegel sehen und sich sagen kann: «So. Fürs erste kann ich so mit mir leben.»

Bei manchen jungen Leuten kann es sehr lange dauern, bis sie diesen abschließenden Kommentar über sich selbst geben können; und dann liegt das vielleicht daran, daß sie zuviel Ballast abwerfen und statt dessen zuviel Neues aufnehmen mußten. Wie es etwa dem Sohn von entfernten Bekannten ging, der ohne Widerrede die anempfohlene Banklehre durchlaufen und schon einige Zeit in diesem Beruf gearbeitet hatte, bis er eines Tages von einem Auslandsurlaub nicht zurückkam, alle seine Angelegenheiten aus der Ferne regelte und in einem Ort, in dem es nicht einmal die kleinste Sparkasse gab, anfing, Pferde zu züchten. «Was sagen Sie denn nun zu Ihrem Sohn?» wurde der Vater daraufhin von allen Seiten halb neugierig, halb mitleidig oder auch schadenfroh gefragt, und er erwiderte jedesmal mit der gleichen ungespielten Begeisterung: «Ist es nicht wunderbar, daß die Kinder immer wieder so ganz anders sind, als man gedacht hat?!»

Vermutlich finden es nicht alle Eltern so wunderbar, wenn ihre Kinder die sozusagen totale Kehrtwendung machen, sobald sie erwachsen geworden sind. Schließlich läge ja der Rückschluß nahe, daß die Eltern sich völlig falsch verhalten oder zumindest ergebnislos engagiert haben. So wie man das bei einer Freundin vermuten könnte, die zehn Jahre lang über einen sorgfältigen, regelmäßigen Geigenunterricht für die Tochter gewacht hatte, mit dem Erfolg, daß das Mädchen bei ihrem Auszug die Geige zurückließ und weder diese noch eine andere jemals wieder in die Hand nahm. «Und wozu hab ich die ganze Zeit mit dir geübt?» fragte die Mutter denn auch einigermaßen betroffen – worauf sie die ganz vergnügte Antwort bekam: «Damit du dir sagen kannst, daß du nichts unversucht gelassen hast! Und außerdem würde *ich* vielleicht auch denken, du hättest etwas an mir versäumt!»

Was auch immer am Ende eines Erziehungsprozesses stehen mag – Zufriedenheit, Enttäuschung oder Genugtuung –, eins kann man wohl grundsätzlich sagen: Wer nicht neugierig ist, wer keine Überraschungen liebt, wer Mißerfolge fürchtet und wer glaubt, daß es nur *eine* Methode gebe, dieses Leben zu leben – der sollte sich für das Abenteuer der Kindererziehung besser gar nicht entscheiden. Die anderen aber, die nicht an Vollkommenheit glauben, weder an die eigene noch an die ihrer Kinder, die sich selbst immer noch verändern und immer noch dazulernen wollen, die sich gerne wundern und gerne faszinieren lassen, und die auch Schmerz und Enttäuschung ertragen können, wenn nur das Leben immer wieder neu, spannend und erlebnisreich ist – sie alle werden es nicht bereuen, sich damals, am Tage X vor vielen Jahren, auf diesen 24-Stunden-Job eingelassen zu haben!

1038/1

1032/1